别急,

成墨初 著

让孩子慢慢长大

北京燕山出版社
BEIJING YANSHAN PRESS
YSP

图书在版编目（CIP）数据

别急，让孩子慢慢长大 / 成墨初著. --
北京：北京燕山出版社，2014.7（2020.5重印）
  ISBN 978-7-5402-3578-9

  I.①别… II.①成… III.①家庭教育 IV.①G78

  中国版本图书馆CIP数据核字(2014)第129671号

书名：**别急，让孩子慢慢长大**

作　　者：成墨初
选题策划：北京盛桐文化传播有限公司
责任编辑：刘少辉
封面设计：嫁衣工舍
出版发行：北京燕山出版社
社　　址：北京市丰台区东铁营苇子坑路138号C座（嘉城商务中心）
电　　话：010-65240430
经　　销：全国新华书店
印　　刷：三河市金泰源印务有限公司
开　　本：710毫米×1000毫米　1/16
印　　张：15
字　　数：200千字
版　　次：2014年9月第1版　2020年5月第2次印刷
标准书号：ISBN 978-7-5402-3578-9
定　　价：39.80元

（图书凡印装错误可向印刷厂调换）

序　教孩子，要会教，更要会等

教育，是在塑造一个人的生命，或者更直接说，是在塑造一个人的前程。为了给孩子打造出一个多彩而美丽的前程，我们这些父母们，都是拼尽了全力，费尽了心思，为孩子多做一点，再多做一点……

我们的愿望，不过是想把孩子送更远一点，让他少吃一点苦头，让他更早发现捷径，让他更快走向辉煌。我们是如此兢兢业业，谆谆教导，鞠躬尽瘁也觉不足，呕心沥血依然胆战心惊。

的确，教育，就是生命工程，从"开土动工"的第一天起，我们就肩负着一个让天使起飞的使命。我们的确应该尽智竭力，可我们不能蛮干，不能想当然，更不能急于求成。当我们太急于做教育时，反而没有时间去思考教育本身。

教育到底是什么？我们的孩子，需要怎样的教育？

把孩子早早送进培训班，让他接受各种早教导师的熏陶，这是教育吗？

为孩子早早开智，在他还咿呀学语的时候，就为他灌输各种科学知识，这是教育吗？

在孩子走进学校的那一刻起，就告诉孩子，一定要乖乖的，听老师的话，听班长的话，这是教育吗？

当孩子拿回一张满篇红叉的试卷时，你眉头紧锁，勃然大怒，大发雷霆，给孩子一顿惩罚；或者苦口婆心，唠唠叨叨，劝说孩子用功，用功，这是教育吗？

如果你的孩子总是无法追上别人的脚步，或者他更喜欢他一个人的世界，你马上采取措施，让他追上大部队；或者把他从他自己的世界拽出来，给他看更大的世界，这是教育吗？

……

你的答案都是肯定的吗？

如果是，那请允许我劝说你，不要再对孩子进行"教育"了。你的教育，已经失去了教育的本意，你已经把一个充满活力的生命，赶向了一片荒原。你是在让一个对知识极度饥渴的人，走进一个没有知识的世界。

这是连一个放牧人都不会犯的错误！

上面所说的种种，看似教育，但只是表面教育，这种表面教育，和我们一直说要摒弃的填鸭教育，在一个层面。再透彻点说，这种表面教育的原则是，只要举起了教鞭，就是教育。

这让我想起了禅宗里的一个解读：用手指月，指并非月。不管你指，还是不指，天上的月亮都在那里，发着他自己的亮光，走着他自己的路线。这是月亮的自性。

孩子也有自己的自性，他会根据自己对世界的解读来安排自己的生命路线。就一般意义上来说，孩子自己安排的这条生命路线，往往要比父母为之安排的更精彩。

当然，我并不是说，我们可以对孩子置之不理、不管不顾。指月之手，还是需要的。只是，我们不需要把指月之手和月亮混为一谈。教育，就是指月之手。

月圆了，指月之手不必将之作为自己的功劳；月缺了，指月之手不必急于在空中补足这条缺痕。你补的月，亮不了孩子的人生。

其实，你不用着急，时间会让月亮重新亮起来，只要你能够静下心来，耐心等待。

教育，就是三分教，七分等。

每个孩子的成长，都是一个独特的过程；每个孩子的学习，都有一种独特的方法；每个孩子的性格，都有一个独特的亮点；每一个孩子的未来，都有属于他自己的前程。

你不要用世俗功利来衡量孩子当下的成绩，不要用功成名就作为孩子未来的追求。你要不耻于落后，不誉于提前，敢于支持孩子的个性，善于发掘孩子天赋的潜能。

本书重新对父母的教育观进行了详细的解读，把教育现实一个个进行解剖，通过一个个细节性的说明，让父母们看清落后的教育观，发现并坚定全新的教育观：要教得，更要等得；要催得，更要忍得；要给得，更要舍得。

希望本书能成为父母的望远镜，通过对本书的阅读，你能发现，现在还处处让你不满意的孩子，在未来，会处处给你制造惊喜。

目　录

第三章

三分教，教于孩子的敏感期 / 57

第四章

无为而学：过早学知识，容易让孩子厌学 / 79

第五章

一手经验，二手知识；知识要教，经验要等 / 113

第一章

"超前教育"：
赢了起跑线，输了人生路

生命没有快捷键，从来都是按部就班。但整个社会的竞争态势过于激烈，就连教育，都打出了"赢在起跑线上"这样极为功利的旗号。成功可以速成，生命似乎也可以催熟。

"赢在起跑线上"教育工程自开创以来，已经有了几十个年头。不说报纸、电视大肆宣传的各类神童，就是名目繁多的早教中心，也是一片繁荣。

蓦然回首，再看当年那些被顶礼膜拜的神童们，人到中年，却鲜有建树。最让人心疼的是，大部分跑赢了开头的孩子却成了异类，被这样那样的心理问题折磨，苦不堪言，别说继续书写辉煌，就是生存下去，都举步维艰。

早年的天赋异禀、奇才异能、叱咤风云，如今的平庸少能、事事难成、黯然神伤，这种鲜明的对比，叫这些"仲永"们情何以堪！

赢了开头，却断了后路。

真的伤不起！

可是，功利心理一天不消，父母们的催熟工程就一天不减。如今依然有大批大批的父母，打着"为孩子好"的旗号，把孩子送进"赢在起跑线上教育集中营"，真是可悲可叹。

漫漫人生路，何必急一时。催熟的果子，不甜，催熟的孩子，无成。教育工程需要脚踏实地，只有一步一个脚印，善于等待，敢给孩子输的机会，我们才能迎来最后的赢。

谁让神童终成庸子

抢跑的孩子没有后劲。因为童年时的快乐和自由是培养创造力、想象力的最好方式，而神童在抢跑时，大多都无法享受童年的快乐，也没有自由发展的空间。

1974年，英国米德尔塞克斯大学客座教授琼·弗里曼开始了一项对天赋儿童的跟踪调查。他选择了二百多名在数学、美术和音乐等领域有着不凡表现的儿童，建档跟踪。让弗里曼大跌眼镜的是，到今天为止，这些天才儿童有97%已经成了普通人。

在我国的上个世纪70年代，也是一个"神童"潮涌的年代。童年时，我经常听广播、电视里面说，谁谁谁，才华出众，几岁就进了xx科大，谁谁谁，智力超群，受到领导接见。

在我小的时候，记得父亲曾经对我说："瞧瞧人家的孩子……"羡慕嫉妒恨，溢于言表。我很不服气，觉得自己也很不错。我还暗下决心，要奋发图强，让父亲对我刮目相看。

可是不久，我就把这件事抛之脑后了，因为有很多有意思的事情等着我去做。比如，掏鸟蛋、戳电线、滚铁环、打秋千……

这些游戏，在当时的教育环境下，被认为是恶劣行为。我和我的小伙伴们，没少受到家长和老师的批评。

受到批评后，我也非常难过，觉得自己已经离"神童"越来越远了，我无法在上小学三年级时把微积分研究明白了。

为了能和神童靠齐，我给一个叫小马的神童写过一封信。信中，我表达了对他的羡慕，同时也请求他，希望他能告诉我，怎样才能成为神童。

很多天以后，我收到了回信，信纸看起来被揉过很多次，已经褶皱不堪，信的一角，还被撕掉了一大块。有一个残破字，看起来特别像"痛"字。

我仔细读了信，发现那的确是一个"痛"字。小马告诉我，世界上没有比做"神童"更恐怖的事情了。神童就是一个可怕的面具，让你永远做不了自己。

我一下子就释然了。

我一直和小马联络，因为小马很喜欢和我聊天。他说，和我聊天，他可以完全放松。

大约是1998年，小马上了某电视台的一个教育谈话栏目。在这场谈话中，他一改往日温文尔雅的形象，不再表现出让人叹为观止的记忆力和思维能力，而且痛斥"神童"教育。

小马说："我有很多困惑，我有很多苦恼，我有很多不解。我不断挣扎，可是我却不敢表现出来，因为我身上有一个神童的'标签'。"

"我从来不能像别的孩子一样玩耍，我必须要神神叨叨地坐下来，研究诗作，研究数学，研究物理化学，否则，我就不再是'神童'。"

看了他的故事，你还希望自己的孩子是神童吗？你还愿意给他稚嫩的肩上加上很重的负担吗？

即使你的孩子在童年就表现出了天赋异禀，也请你放过他，给他自由发现和探索的快乐，而不要为了开发智能，给他过重的学习负担。

智商高是神童的一个重要标志。可是，人的生理和心理不会因为智商高而发育快。在需要玩乐的童年，就给孩子过大的压力，只会损伤孩子的智商和心智，影响他健康成长。

小马在英国有一个伙伴，叫安德鲁。安德鲁6岁时，就能读懂《时间简史》；8岁时，自己谱曲，并一曲成名；9岁时，办了自己的画展。

对于这样一个举世瞩目的神童，他将有怎样辉煌的未来，人们都不怀疑。可是齐翔告诉我，直到现在，安德鲁还是一事无成，穷困潦倒。

事情是这样的：

安德鲁的母亲为了让他到伦敦大学学院学习，强迫他放弃了音乐和美术，专心学起了科学。

可是让人震惊的是，安德鲁在大学期间，居然没有通过数学这门必修课，而且补考之后，还是没有通过。

安德鲁没有获得学位就离开了学校。

万分沮丧的安德鲁只好靠绘画为生，可惜，他的画作入不了画院派的法眼。无奈只好自辟蹊径，只是人们欣赏不了他的画，最后，他自己也不知道该做些什么了。

安德鲁说："我不知道我是什么，我不知道我要干什么，我也不知道我的人生到底有什么价值。"

孩子的自我成长极其重要。如此聪明的孩子，都因为没有找到自我而失去了人生的方向，那普通孩子的灾难，就更可以想象。所以，我不得不强调，在孩子开始学习各项知识之前，父母更应该帮他建立自我。

归属感和自我价值感对孩子的成长极为重要。如果把教育早早放在发展各方面的技能上而忽略了这两个项目的培养，就是本末倒置，耽误孩子的成长。

小马告诉我，和他同一个时期的著名"全国第一神童"王宇，在2003年落发出家。

小马说："王宇算是聪明，终于想明白了一些事情，或者说，找到能想明白事情的地方了。"他接着愤愤地说："我当年是怎样的战战兢兢，是怎样的孤立无援，谁能理解？就因为我是神童，就把我置于这样一个境地，太不公平了。"

我想，小马的痛苦，别人不知道，王宇却一定知道。

童年，应该是建立安全感的最佳时期。这个时候成为神童，就意味着要一个人独自去闯世界，要一个人面对所有的问题。这样孩子缺乏安全感，很难健全发展，而且他们还会变得激愤，心理失衡。

太多太多"伤仲永"的故事让我们心痛，也让我们警醒。童年，应该是享受玩乐的时候；童年，应该有自主发展的空间。只有在轻松的玩乐中自主发展，在时间沉淀下滋润心灵锻炼身体的孩子，才有寻找成功的能力，才能有一个美好而幸福的未来。

成墨初老师的教育秘籍

永远不要希望把自己的孩子打造成神童。

如果孩子"输在起跑线上"，要敢于面对，冷静面对。开头的输，不为输，最后的赢，才是赢。

学会等待，这是最好的教育方法。

没有了解，不谈规划

所有关于孩子的规划，都应该以孩子为本。因为只有适合的，才是最好的。想要让孩子成为人才，先不要逼着他学习技能，家长先要了解他。

我做教育到今天，虽然已经能为家长解惑，但我还是不敢说，我的哪一套教育方案是完全对的。因为所谓的对，必须是对适合的孩子。所有的教育，必须以孩子为本。

可我发现一个很值得探讨的问题。很多讲效率的父母，往往在孩子还没有出生时，就已经为孩子做好了几个"五年规划"。

妻子的同事小美，一直痛恨自己小时候接受的教育不够格。在孩子出生之前，她就已经憋足了劲，想要在孩子的教育上大展身手。

小美有一个著名的"五年计划"。第一个五年计划，是早教和幼儿园的阶段。第二个五年规划，是"小学阶段"，以此类推。

每一个小美的同事都有这样一份五年计划的电子文件。小美想让同事们给出一些意见，当然，更主要的是获得表扬。她也的确获得了很多赞誉。

我看过这份电子文件，是一个表格。在这份表格里，时间已经被精细到了分钟，比如，两岁三个月的第一天的第七个小时，即早晨七点——

这个时间点，是孩子开始学习认字的时间点。

我大为惊叹，妻子笑了，说："虽然时间过于具体，但是这样提前规划的精神是值得提倡的，这是我们学会计的人的一个很重要的特点。你们，不懂！"

我没有理会妻子的嘲讽，一本正经地对她说："什么都可以提前准备好，唯独对孩子教什么，这个无法提前准备。"

"为什么？"

"因为孩子从出生的那一刻开始，就已经在学习——听、看、感觉，然后思维。在所有感官调动的过程中，他完成对自己的认识，然后才开始探索世界。如果在两岁三个月就开始教孩子认字，只会打破了孩子学习的方式，让孩子失去对自我的认识机会。"

看了小美的故事，你还想提前为你的孩子做人生规划吗？

其实，与其过早对孩子的人生进行规划，不如先学学幼儿发展心理学，了解孩子的生命发展规律。在孩子的幼年阶段，有一套自动的学习机制，按照成人经验来规划，会打乱这套机制。

有一个夏天，一位家长带着一个草编的蝈蝈笼，敲开了我家的房门。

看到他的装扮我不由得一愣。只见他上穿一件深蓝西装，下套一件天蓝色运动裤。在敞开的西装里，是一条长长的摇晃着的红色花纹领带。显得既土，又滑稽。

这个人看我打量他，笑了，说："您看我这身打扮，肯定说我没品，对不？"

我不知道该如何回答，就问他找谁。

他笑了，扶了扶眼镜。我发现，他戴的眼镜，居然是七八十年代那种标准的金丝眼镜，就是有学问的人才戴的那种眼镜。

他说："成老师，我其实今天是来和您讨论一个教育问题的，不知道您能否让我进家门？"

我当然没说的，请他到屋里坐。

这个人坐下后，对我说："成老师，不瞒您说，我在进您家门之前，已经敲过好几个搞教育的人的家门了。可是他们一看我这身装束，马上就让我走人。"

"其实我到现在也没弄明白您的意图，您是想和我讨论什么问题？"我委婉地说。

"很简单，我就是想要知道，我是不是应该教孩子早点认清社会。比如，社会的不公平与阴暗面。我们女儿刚上幼儿园，她的老师就经常收礼。"

我恍然大悟，说："您认为现在的人都以貌取人，所以故意打扮成这样，看看是不是所有的人都不接受您。然后您就决定告诉孩子，这个社会是阴暗的？"

"没错，没错。"

"告诉孩子社会现实是没有错的。但是我刚听您说，您的孩子刚上幼儿园，您确定跟她说这些，她能懂吗？"

"能懂，今早，她还说，要给老师准备礼物，这样，老师就可以多爱她。"

"您错了！她这样说只是一个本能反应。六岁以前的孩子，思维方式都是直观和形象的，您让她进行抽象思维，她根本就完成不了。而且，这个时候的孩子，都处在自我认识的阶段。如果您在这个阶段告诉孩子社会的阴暗，那么孩子就会压抑自我，产生恐惧心理。"

"不太懂。"

"就像盖房打地基一样，地基还没有牢固，您想要在上面建一层楼都危险。如果地基牢固了，您在上面建十几层，都没有问题。六岁前，孩子正在发展自我，不要让她过多地去了解阴暗。"

社会的确有这样那样的不公平，为了孩子的安全和幸福，我们的确应提前为孩子做各种社会现象预报，但要根据孩子的接受能力来进行。

六岁以前的孩子接触过多的负面社会信息，只能滋长他的消极心理，所以此时不宜。

孩子在发展心智时，首先要分清我和他，然后才能知道本我，他我，群我（这些知识后面有具体介绍）。如果孩子没有分清"我"时，就给他讲解社会，那只会毁掉孩子。

我有一个朋友开了一家乐器行。他说，每个寒假和暑假，他的乐器行里都会有很多家长为孩子选择乐器。

朋友是一个音乐爱好者，他把生活都当成了一种音乐。在和这些家长聊天的时候，他也是本着一种音乐精神，和他们大谈音乐的美对孩子教育的好处。

让他难过的是，大多数家长都无法理解音乐的美。他们信奉的是对孩子的"教育"。

据说有一位家长，一进门就对朋友说："给我找一架最好的钢琴。我的女儿已经开始走路了，我必须要让她先学会弹钢琴，修炼最好的贵族气质。"

朋友好心劝他，让他等等孩子，希望他能给孩子爱上钢琴的时间和机会。

那位家长很生气，说："你懂什么？一个卖乐器的！女孩要富养，懂不？音乐素养，那是必须的。钢琴，也是必须的。"

你是怎么看这个问题的呢？你会不会像这位家长一样，给孩子购买学习工具，只是为了粉饰他？

如果你真的这么想，那听我一句劝：你的粉饰，只会封锁孩子的自我学习能力。

音乐的教育功能已经有目共睹，是不可或缺的。可是音乐的最大功能，是让孩子愉悦。如果孩子还没有产生愉悦时，就给他一个艰巨的任务，那只能适得其反。

教育的主体，应该是孩子。不论是教育的理念、教育思维、教育方法，还是教育工具，都必须是适合孩子的。即，所有的教育规划，都必须建立在了解孩子的基础上，建立在等待孩子发展好自我的基础上。因为只有这样，孩子才能真正参与自己的人生规划，而不必什么都等着父母安排。

成墨初老师的教育秘籍：

不要根据自己的人生经验，过早为孩子设计人生。把孩子的人生交给孩子，意味着，等待孩子长大，学会自己设计自己的人生。

父母需要教孩子的，只是设计方法，而不是设计内容。

不要让孩子被各种早教方法绑架。不管孩子学什么，不要逼着孩子出成绩，孩子自得其乐为最好。

助跑线够长，起飞才能无限高

没有积累，就没有发展；没有沉淀，就没有沸腾。因此，不要急于让孩子成功成名，要耐得住寂寞，给孩子一段足够长的助跑线。

天鹅在飞向蓝天之前，必须要在水面上滑翔一段。如果水路短，天鹅就难以展翅。在不断的滑翔展翅的过程中反复失败，天鹅就会失去飞翔的能力。孩子也一样，如果过早让孩子展翅，孩子没有得到充分的积累，那么就容易使孩子产生挫败感，对人生有一种无助感。

桐桐六岁时，有一天我带她坐公共汽车去动物园玩。

刚上车时，有一个三四岁的小女孩喊桐桐："姐姐，姐姐，你跟我一起坐吧，这是乘务员阿姨刚给我找的座位。"

桐桐摸了摸女孩的脸蛋，小大人一样地说："乖，真像个小公主，姐姐不累，不坐，你自己坐吧，谢谢你了。"

小女孩高兴地笑了，对桐桐说："我也要谢谢乘务员阿姨，我长大了，也要做一名乘务员。"

女孩的话音刚落，她身边的一个妇人，看起来像是她的母亲，就嘟囔了一句："只有没出息的人，才要做乘务员。"

桐桐纠正道："阿姨，你错了，做乘务员，可不是没有出息。"

女孩的母亲笑了，看了我一眼，说："小孩子，懂什么。"

我忍不住了，说："千万可别这么想，有一个做乘务员的理想，并不表示孩子没有出息。"

女孩的母亲有些恼了，嘟囔了一句："都什么人啊，这么大了，还这么没出息。"

"当科学家，这个理想倒是很好，可是这么小的孩子，她懂什么叫科学家吗？"

女孩的母亲沉默了。

理想，也需要一个成长的过程。逼着孩子早树立远大理想，只会让理想失去它原有的动力。

你发现没有？成人的理想，几乎算不上理想，只是一个赤裸裸的欲望目标。

你想过什么叫理想吗？

孩子的理想，就是一种憧憬，是对未来的一种自我期望。所以——不要用成人的经验衡量孩子的理想。因为即使是看起来最没出息的理想，也是孩子对生活的一种憧憬，并不表示孩子会降低自己的奋斗目标。而且随着时间的流逝，他会不断修正自己的理想，直到这个理想符合他的自我价值需求。

朋友镇明出身医药世家，但是由于高考失利，没能考上医科大学，上了一个金融专科院校。镇明很高兴，终于摆脱了父母的束缚。

大学生活显得无聊而枯燥，唯一的亮点，居然是他小试身手，治愈了几例不大不小的病症。一时间，镇明声名鹊起，求医问药的络绎不绝。

镇明很是得意。回家后，镇明就管爸爸要一些祖传秘方，并说，自己当下就能扬名立万。

镇明的爸爸听后，马上沉下脸来，说："就你那三脚猫功夫，怎么能上手给人治病。我警告你，在没有深入学习之前，不得给人治病。"

镇明的母亲不以为然，还暗暗夸赞儿子能干。

在母亲的鼓励下，镇明在宿舍里开起了小型诊所。他很谨慎，只治疗一些简单的病症。因此，在学校里，还算平安，并没有出现什么大问题。

毕业后，镇明马上背着父亲，和母亲一起，在离家不远的一个村镇开了一间诊所。可是开门的头一个月，就出事了。

镇明为一个18岁的姑娘听诊时，发现她胸骨左缘第3至4肋间有Ⅲ至Ⅳ级收缩期杂音，于是，他诊断为"先天性心脏病：房间隔缺损"，还给她用了药。

谁知女孩回家后就休克了，当女孩的家人抬着她来到医院后，镇明一下子傻了，他不知道该怎么办，只好给父亲打电话。

镇明的父亲差点气炸肺，但是他一边非常冷静地指挥镇明做一些检查，一边飞速赶到现场。幸亏父亲来得及时，女孩才脱离危险。

女孩平安离开后，镇明的父亲狠狠把他的母亲训了一顿，他说："咱的孩子咱不知道吗？根本就没有进行过系统的训练，你怎么就敢让他来这里开诊所？"

母亲小声说："我看他在学校里干得挺好的。"

父亲这才知道镇明在学校里也开过诊所，更是火冒三丈，他大喝道："不会走，就想跑，你是不想活了吗？"

如果你的孩子现在各方面都表现得特别好，你可千万不要得意，你须时时清楚，赢在开头，不是好事，只有笑到最后，才算成功。

在成长的过程中，孩子偶尔遇到一些能显示自己才能的机会，就会以为自己成功了，于是就会停留下来，不停显示这种"成功"。作为父母，一定要能保持清醒：真正的成功，必须靠不断地积累。

平安是他们家的小少爷，衣来伸手饭来张口不说，就连学习，旁边也有不少助手。

平安的妈妈是一个相当宽容的妈妈，她常对平安说："以我家的条件，你即使学习不好，将来也会有一个好前途。所以，你不用太累，能学多少就学多少好了。"

从小学一直到初中毕业，平安的成绩一直是中下等，但他一点也不急。看到别人家的孩子为了学习愁眉苦脸，他还觉得不可思议。

到高中了，平安的父母一改往日的平和，开始催促平安了。他们说："平安啊，如果你能依靠你自己，考上一所好大学，那么你将来的路就会更好走一些。"

平安信誓旦旦道："放心吧，我不依赖你们，我要自己学。"

说是这样说，可是平安的学习惰性已经养成，一遇到困难，他就退缩，没有一点奋斗的激情。

虽然平安也觉得愧疚，但是一想到未来也没有什么好忧愁的，他就放下心来。

平安没有考上大学，回家后，他继承了父亲的企业。可是进入公司，平安才发现自己的知识太浅薄，根本就没有能力支撑起整个企业。

不过，此时平安已经毫无退路，他必须要选择承担。因为父亲已经渐渐衰老，而平安的周围，却有很多精英对他的企业虎视眈眈。

有将近十年的时间里，平安是在惴惴不安中度过的。不过十年之后，当平安真正从父亲手中继承了企业时，他已经信心满满。

从平安的故事里，我们得到什么启示呢？

平安走了一个弯路，在少年时，父母不给他压力，但这压力，在成年以后，却以十倍百倍的力量卷土而来，使他的奋斗之路变得格外艰辛，也格外漫长。

我们的确可以给孩子一个很长的助跑线，但太长了，同样是问题。小孩子不应该有太大的压力，但适当的压力还是必要的。一个一直没有压力的孩子，长大之后的压力必然会格外多。所以，给孩子的助跑线到底留多长，父母们一定要仔细斟酌。

浮躁的年代，很容易滋生"出名要趁早"的思想。在对孩子的教育上，也屡屡出现一些早飞的现象，孩子还没有学会跑，家长就想让孩子去飞。当孩子的生理和心理没有准备好时，就给孩子过大的压力和追求目标，只会让孩子不断碰壁，对自己失去信心，失去奋斗激情。

成墨初老师的教育秘籍：

对于孩子的任何想法，都不要嘲笑、讥讽、纠正，哪怕是错的。只要能永远欣赏和鼓励他，他就会从错到对，从幼稚到成熟。

过早成功的孩子，父母要警惕，这样的孩子一般抗挫性差，还会因骄傲封锁自我成长的空间。

儿时不优秀的孩子，父母要有些耐心，能容忍孩子"输在起跑线上"。你欣赏的目光，就是孩子起航的动力。

适当"妥协"效果更好

孩子需要教育，也需要尊重，管教孩子不能武断，要运用智慧。很多时候，不用管教得那么严格，孩子反而会更好。

前段时间，我去一所家长学校演讲，演讲完毕之后，家长各自散去，可是一位家长却走到我面前，欲言又止。我请他坐下，端给他一杯水，让他和我说说遇到了什么问题。

"成老师，我的儿子明年就要升高中了，他的成绩不好，如果这一年再不好好努力，就真是没希望了。"

"你所说的希望是指什么？"

"当然是升入重点高中啊，那样，才能三年后考上重点大学啊。"

我点了点头，让他继续说下去。

"我怕他考不好，就给他请了家教，帮他补习功课，可是，孩子不但不领情，还说我和他妈妈不理解他。其实，是他不理解我们父母啊。他喜欢体育，回家后只要有体育节目，他就想看，我为了让他安心学习，把有线撤了。没想到，不让他看电视，他又迷上了电脑……"

他抬起头，说："成老师你说，我对他管得严点，时时监督和提醒他，还不是为了他好啊！"

"我很理解你的心情。可是，你这样严格要求，有效果吗？"

他摇摇头，说："现在的孩子真是难管。我拿他没办法。他对我和他妈妈，就像对待敌人一样。"

"既然你也知道这样没效果，为什么还用这样的方法教育孩子呢？"我问。

"我也是没办法啊，现在社会竞争那么厉害，孩子自己不努力，我们做父母的再不给孩子加把劲，那孩子考学真是没希望了。有时候，对孩子要求严格，也是为了他好。可孩子总理解不了。"他说。

"你对孩子要求严格，孩子反而会觉得束缚，觉得没有成长的自由和空间，心情不好，学习成绩自然也上不去。你不对孩子严加管教，孩子会觉得你理解他，心理上对你存在感激之情，也就会好好学习和加强自我管理了。"我对他说道。

"成老师，您说的有些道理。可能孩子现在就是像你说的那样，根本不理会我的管教。我怎么没想到这个问题啊。谢谢你，成老师。我回家就试试，不管他那么严格了。"

其实，你是出于对孩子的爱，才会对孩子要求严格，可是孩子年龄小，他们只清楚自己的哪些权利被你剥夺了，而不会理解你的苦心。

那你就做些"妥协"，放宽对孩子的要求，你也许会发现，缺少了你的严格管教，孩子也能成长得很好，甚至比你期待的还要好。

我的朋友李哥，以前不给孩子一点玩的时间，总是看着儿子小东学习，而孩子的成绩却一直没有提高。

后来在我的建议下，他改变了教子方式。他对孩子说："每天放学后，只要你先把当天的作业完成，再把学过的内容弄懂，剩下的时间做什么由你自己决定。"

小东一听，高兴地跳起来说："爸爸，你怎么不早说！"

但是，李哥并没有给孩子真正的自由，每天还是检查小东的作业，进行测试，过关了才会放小东出去玩。否则，小东还只能继续学习。

这样过去了半学期，小东的成绩照旧。

我了解到情况之后，告诉李哥说："既然你给了孩子自由，就要做到真正放手，让他自己监督自己，这样才会有效果。"他半信半疑地按照我所说的去做了。

半年以后，小东不仅能主动学习了，而且学习效率很高，成绩进步多了，人也变得开朗、活泼了许多。

父母给孩子一个独立的空间，多留给孩子一些自由支配的时间，孩子有可能会做得更好。

你可能也给了孩子独立的空间，给过孩子自由的时间，但你是否没敲门就走进孩子的房间，在孩子拥有的自由时间内有意无意地多次干扰？我想，你可能做过类似的事情。

但我要说，你给了孩子独立的空间与时间，但要落到实处，要做到真正放手，还给孩子自由。

说到让孩子自由成长，我不由得想起之前来咨询的一位爸爸。他进门的时候，我都能明显感觉到他情绪的失落以及透露出的焦急。

"成老师，我家孩子明年要参加中考，他的成绩在班上并不是很理想，所以他的班主任建议他今年参加个体育特长班。"

他说到这里的时候顿了顿，期待我发表自己的意见。但是我没有，我想让他继续说下去。

"我和妻子都不想他学体育，要知道，我和妻子当年都是学校里的高材生。如果别人知道，我的孩子是靠特长降分升入高中的，那我脸上多没面子啊。"说完，自己还摇头说，"不行不行。"

"那孩子的意见呢？"

"孩子同意老师的提议。可是我的心里过不了那道坎。"他补充道。

"你不让孩子练习特长，孩子仅靠文化分可以考上高中吗？"我反问他，"孩子考不上高中，那你会觉得有面子吗？

"你不该为了满足自己一时的面子，让孩子去做根本就做不到的事情。你要考虑孩子的实际情况，也应该照顾到孩子的感受和想法，因为人生毕竟是他自己的。"

这位爸爸似乎也想通了，临走的时候说不再限制孩子，让孩子自己去决定吧。后来，听说他的孩子以特长生第一名的成绩升入了本市最好的高中。

孩子随着年龄的增长，会变得越来越独立，想拥有自由的心理也会更加强烈。虽然孩子还小，很多事情需要你去引导，但这并不意味着你就有权利剥夺孩子的自由。

尊重孩子的意见，有事情与孩子多商量，还给孩子更多的自由，孩子才会拥有更多的快乐，把事情做得更好。

生活对于每个人来说，都是自己的，自己决定自己的生活，能够靠自己的力量突然"开窍"，也是件美妙的事情。

孩子是一个独立的个体，不需要父母耳提面命，一个不能自己做决定的孩子，也就难以对自己负责。即使孩子的决定是错误的，那也是对他们的教育，从中，孩子能清楚地学习到什么是对的，再遇到这样的情况该怎么做。

成墨初老师的教育秘籍：

1.父母不用整天教育孩子，可以让孩子对知识产生兴趣。在教育孩子时，应该注意有目的性地进行提问引导，创设一定的情景，引起孩子对知识的渴求，从而唤起孩子自我成长的意识。

2.自我教育的技巧是提高孩子能力的有力武器。如果孩子不懂得如何学习，那么即使他对外界事物感兴趣，也不知道该从何处下手。

3.现在的孩子多少都有点依赖心理，不想自己学习，总希望有人能够直接给出答案。这样的懒惰思想，几乎每个孩子都有过。父母一定要保持高度的警惕，帮助他们克服这些思想，给他们顿悟的机会。

阶梯教育法：n岁孩子不用m法

六岁前的孩子，一天一个样。就像蜕变的昆虫，头一天，还是虫的状态，第二天，就开始了蝶的飞舞。但是"虫"，就要用"虫"的教育法，是"蝶"，就要用"蝶"的教育法。

按照传统方式对孩子进行教育的话，经常会遇到难题。但很多时候，那些所谓的教育难题，是孩子成长必须经历的。如果你想要减少错误，就得要了解孩子每个阶段的成长特点。

小琴的女儿诗诗不到两岁，已经会说简单的话语。小琴教她背三字经，背古诗，她很快就能记得滚瓜烂熟，但是她的发音很不清晰，除了小琴，几乎没人能听得懂她的话。

但是小琴乐此不疲。她认为，在这个阶段，孩子的记忆力是最好的，所以，她想尽可能多地给孩子"输入"一些诗词。

诗诗并不讨厌背诗，但不知为什么，这一段时间，她经常把小手放在嘴里，一个人坐在那里发呆，妈妈喊她半天，她也不理妈妈。

小琴有点发急，她经常叫诗诗的名字，提醒她注意自己，提醒她认真倾听。大多数时候，诗诗都很愿意配合，偶尔，却对妈妈的呼叫极为反感，甚至冲着妈妈大叫大嚷，喊着不要不要。

小琴的丈夫说："你不要太早折磨孩子，把孩子累坏了，就麻烦了。"

听了这话，小琴感觉很害怕，她赶紧过来找我，向我咨询，孩子发呆，是不是被累坏的表现。

我问了小琴一些详细的情况，然后摇着头告诉她："这个阶段的孩子，处于一个小过渡期。她已经有了自我意识的萌芽，但还不够完善。这时候，她很喜欢自得其乐，不喜欢被人打扰。你若总是强迫她听你的，再过一段时间，你就会发现她变得特别固执，更喜欢和你对抗。"

"您的意思是我强迫她了，不好，是吗？"

"是。你看，孩子大多时候都听你的，只是偶尔才会发发呆，那你就给她一段发呆的时间，让她整理一下自己，这是必要的成长步骤。"

"那，我教她背古诗，有意义吗？"

"这个，有韵律的东西，孩子喜欢，你教一教，没什么大问题，但这个阶段，孩子的记忆并不深刻。恐怕你现在教了，她以后还得重新学。当然，她的记忆也能留存一部分。你就记住，别让孩子太累，别强迫孩子，就行了。"

一些教育专家研究发现，一岁前的孩子，智力发育和大猩猩一个级别。只有到了一岁半，他的人性才会苏醒，并且开始有了自我意识的萌芽。这个时候的孩子大多喜欢自得其乐，父母想要与其同乐都难。但这是正常现象，不用把它当成问题。

桐桐四岁的时候，特别调皮可爱，一句话就能逗得大家开怀大笑。

有一次，桐桐问我："下蛋公鸡，公鸡中的战斗机。那就是说公鸡能下蛋了？"

我赶紧给她解释说，公鸡是不能下蛋的，会下蛋的是母鸡。

桐桐有些沮丧地看着我，然后过来搂着我说："爸爸，那是不是你也不能下蛋？"

妻子在旁边听了，哈哈大笑，说："你爸爸又不是鸡，他怎么会下蛋呢？"

"我是说，爸爸肯定不能生我吧，那多可怜啊。爸爸，等我长大了以后，给你生一个孩子，让他成为你的孩子。我刚从幼儿园里学会分享，爸爸，我做得对不对？"

妻子又是一阵爆笑，我也哈哈大笑，搂着桐桐说："桐桐是想要跟爸爸分享，是不？太棒了。不过呢，爸爸虽然不能生孩子，可是你却是爸爸的孩子。等你长大了，有了自己的孩子，那你的孩子就是我的孙子了。"

桐桐非常生气，喊道："爸爸，是不想要我的孩子吗？"

"怎么会不想要呢？爸爸疼他还来不及呢！"

"那你为什么给他降级了呢？还孙子，哼，孙子是骂人的话，你这个大坏蛋，你就是世界上最坏的爸爸，我给你分享东西，你还骂我的东西是孙子。"

我一时不知该说什么，妻子在旁边呵斥道："桐桐，怎么学会骂人了？"

"我就是要骂人，不骂人你就记不住，你们俩都是坏蛋，大坏蛋。"

看了桐桐这样的表现，你一定会认为我很伤心吧？我当时郁闷了那么一小会儿，不过很快我就意识到，她的思维和我们的不同。

四岁孩子的思维，还很稚嫩，他依赖父母，情绪却很极端。骂人、打架、吹牛，是四岁孩子普遍的特征。所以，不要苛刻地批评孩子的这些错误。

晓彤六岁了，她特别喜欢问问题，就连晚睡前的睡眠故事，她也要问个不停。听，妈妈开始讲故事了。

"从前，有一条河，这条河蜿蜒绕着一座雄伟的大山……"

妈妈刚说到这里，晓彤就憋不住了："妈妈，什么叫蜿蜒？"

"蜿蜒就是曲里拐弯的，就是不直。别说话，妈妈讲故事了。哦？"

"好。"

"这座大山顶上有一座寺庙……"

"妈妈，那条小河会不会流到山顶，为什么寺庙会建在山顶上，而不是建在小河边？"

"小河不会流到山顶的。因为河水要往下流，你倒杯子里的水，有朝上流的吗？"

"没有，嘻嘻……"

"寺庙建在山里，清净，这样有助于人们修行……"

"人们为什么要修行？都什么样的人修行啊？"

"你能不能闭嘴啊，就你这样的话，我这故事还能讲不？"

……

你有没有发现，这是一个非常聪明的孩子，可是面对聪明孩子的"十万个为什么"，父母们总是会感觉很厌烦，因为过多的问题，总是会让我们忘记说话的初衷。

其实，六岁的孩子，已经总结了一些生活必备的常识和知识，但他还是对所有的事情都充满了好奇，他的问题会比以往更多，也更刁钻。但这恰恰是锻炼他的想象力和逻辑思维能力的一种方法。所以，父母一定要耐心地回答孩子的问题。

每一个年龄段，都有它的固有特征。六岁以前的孩子，会出现很多让父母难以接受的问题，比如，撒谎、吹牛、自私等等。但这些都是孩子成长过程中必须要经历的阶段。我们不能苛刻地对待孩子，而应该去了解孩子行为背后的心理，以及特定阶段孩子的思维方式，给孩子犯错的机会，让孩子慢慢成长。

成墨初老师的教育秘籍：

1. 一岁前的孩子，还只有人性的基本特征，这时候，多抱抱孩子，就是对他最好的赏赐和鼓励。

2. 两岁的孩子，已经开始有了自我意识的萌芽，会变得很自私，这时候不要让孩子分享。

3. 三岁的孩子，会变得很固执，可能会说谎、吹牛，甚至会骂人，这都是正常现象，不要严肃批评孩子，更不要用人品来评价孩子。

4. 四岁的孩子，情绪会变得非常极端，这时候，父母要能帮助孩子梳理情绪，允许孩子发泄，但也要用简单的语言给孩子讲述情绪的自我控制。

5. 五岁的孩子，最需要培养人际关系，这时候父母要多带孩子出去，给他适应社会的机会。

6. 六岁的孩子，非常喜欢提问题，而且会很刁钻，甚至为了一个问题，和父母辩论、对抗。这不是错误，只是孩子成熟的表现。

连轴转的机器磨损快

操之过急的父母，喜欢无限量地给孩子添加各种学习任务。我们都知道，连轴转的机器磨损快。所以，一定要给孩子足够的休息时间。

小孩子的精力旺盛，有时候累到精疲力尽，但只要睡上一觉，起来后马上又精神百倍。但如果你不让孩子睡上这一觉，那么孩子就会变得非常迟钝。

桐桐六岁的时候，我带她去乡村一个朋友家里玩。这个朋友家开了一个度假村，是个依山傍水的农家小院，里面有很多好玩的东西。

桐桐一到那里，就爱上了那里。她不是跟鸡鸭鹅一起玩，就是到游泳池游泳，要么就四处结交朋友。

那几天，桐桐显得特别兴奋，就连做梦，都发出"咯咯"的笑声。每天早晨，天不亮，桐桐就醒了，自己穿好衣裤，跑到外面找人去玩，连平时怕黑都给忘了。

到第四天的时候，桐桐大概是太累了，太阳都升起老高了，她还在睡觉。

偏偏这天，有个朋友说要教桐桐打乒乓球，这可是桐桐盼望好久了的活动。

朋友已经过来找桐桐了，桐桐还在睡，我就喊了一句："桐桐，想出去玩吗？"

桐桐砰一下就坐起来了，眼睛还没有睁开，穿着睡衣就跑下床，喊着："走，走，走。"

朋友被逗乐了，连忙说："不急，不急，等你睡醒再去也不迟。"

桐桐马上睁开眼睛，说："醒了。"

而且，说完这话，桐桐迅速地跳上床，自己找衣服、穿衣服。五分钟不到，她就收拾停当，嚷着要出去玩。

朋友带着她去了，可是没有半小时的时间，桐桐就被朋友带回来了。我吓了一跳，问朋友怎么了，朋友说，桐桐居然在打球的时候睡着了。

你看，孩子的精力再怎么旺盛，兴趣再怎么浓厚，如果没有充足的休息时间，还是无法继续下去。

一定要保证孩子充足的睡眠。充足的睡眠，不但对孩子的身体好，对孩子的智力发育也极有帮助。

有一年暑假在网上溜达时，我看到很多家长在给自己的孩子找"作业枪手"，感觉特别奇怪，就在网上跟一位家长聊了起来。

这位家长告诉我：孩子的课外班太多了，暑假作业没时间做了，所以只好给他找"作业枪手"，也算是给他减轻点负担。

我问他："作业是老师为了巩固知识，给孩子留的，你找了枪手，孩子失去巩固知识的机会，不是很可惜吗？"

"没有办法，其实他平时学习很好的，再加上他课外班很多，每堂课学得都很好，我信任他，所以就帮他弄作业了。"

"可是，小孩子的记忆力有一个周期，你老是让他学新的东西，却不给他巩固旧知识的机会，那孩子不是随学随忘吗？"

这个，那位家长居然没有想到。他迟疑半天，一直也没有说话。

黑熊掰玉米的故事大家都知道吧，掰一个丢一个，白忙活半天，最后一个也没捞着。孩子的记忆力和领悟能力虽然都很强，但如果不给他消化的机会，最后就只剩下零。

一位河南家长，对9岁的女儿突然想要放弃豫剧非常不满意，也非常不理解。因为这个孩子3岁起就在河南电视台的《梨园春》节目里大放异彩，成为名噪一时的小明星。

为了劝解女儿，这位家长用尽了浑身解数，但却越劝越糟，以至于后来女儿见到他，就皱眉。

我对豫剧不是很了解。倒是桐桐挺喜欢京剧，还学过一段时间的京剧。我就带着同样9岁的桐桐去了这个孩子家。

我和女孩的父亲聊天时，桐桐就开始向女孩请教豫剧的问题。女孩说得头头是道，而且神采飞扬，看得出，她很喜欢豫剧。

女孩的父亲在旁边听了也很满意，说："你看，你都到了这个程度，再放弃，不是太可惜了吗？"

女孩一听，脸马上就沉下来了。

我连忙制止这位家长。

桐桐这时候说："我知道，我知道，我现在也正在和我爸爸商量停了京剧课呢。因为我感觉有点精力不足了。"

女孩摇摇头，看看我，又看看爸爸，低头小声说："我只是不想参加比赛。"

"参加比赛怎么了？这不是丰富你的经验，督促你进步吗？"女孩的父亲说。

我马上明白了女孩的心思。我把这位家长叫到一边，告诉他："如果你不想要女儿放弃，那么你就不要逼着她学，不要逼着她赛。一旦失去兴趣，所有的努力，都会白费。"

"我不逼着她，这不太可能吧。没有我逼她，她就不会三岁成名。孩子哪懂那么多，家长不逼是不行的。"

我说："如果你现在逼她，她就是不学，你有什么办法吗？"

这个父亲摇了摇头，叹气起来。

"既然如此，为什么不等一等？等孩子松一口气，等孩子慢慢回味一下，找找自己对戏曲的爱好。我敢说，她还是会选择戏曲的。"

很小就有突出表现的孩子，如果在成长的过程中，没有一个放松的阶段，很容易崩溃。

所以，孩子想要休息时，家长一定要懂得让他停下来，缓一缓。

孩子的精力虽然旺盛，但毕竟是有限的，千万不要让孩子连轴转。因为孩子不但担负着学习的任务，还担负着身体成长、思维成熟的人生任务。如果家长只顾让孩子忙于学习，就会耽误他的另外两项更为重要的任务。要学会等待孩子慢慢成长。

成墨初老师的教育秘籍：

1.保证孩子有充足的睡眠时间。3~10岁儿童，要保证10~12小时的睡眠时间。越小的孩子，需要的睡眠时间就越长。

2.优秀的孩子，会有一种学习的紧迫感，越是这样，父母就越要给他放松的时间，否则，孩子可能会没有后劲。

3.不要对孩子期望太高，不要事事都想要干涉孩子。否则，你只会培养出一个样样通、样样松的孩子。

成长不跳级，把握当下最好

教育孩子，父母要杜绝急功近利的思想，要把时间花费在帮助他端正学习动机、培养学习兴趣上来，这样才能让他自觉克服畏难情绪，以持久的热情投入到学习活动当中。

有位从事儿童教育的朋友，在和我谈起对孩子的教育时，说道："有一句话，迟早会让父母把孩子教坏的。那句话就是——不要让孩子输在起跑线上。"

接着他说："孩子年龄太小，对知识理解的能力差异很大，有些知识等他到了六岁后学会非常轻松。六岁前让他以玩为主，父母要做的是启蒙他的语言表达能力，让他和外界接触。"

我很赞同他的话。的确，现在许多父母为了让孩子多学知识，孩子上个幼儿园也不得安生。记得桐桐上幼儿园时，有次我去接她。有位妈妈凑过来问我："你女儿现在能认多少字？"

我笑着说："这个，我不太清楚。"

那位妈妈表现得很吃惊："不会吧。我家儿子一岁多时，他爸爸就教他认字、数数。现在认了好几百字了。十以内的算术题也会做了。"

另一位妈妈凑过来说："我女儿现在能背几十首唐诗了，全是她爸爸业余教的她。还教她学音乐，现在我一打开电视，她只要一听音乐，就会跟着节奏跳舞。"

这时第三位妈妈加入进来，她说："我丈夫现在每天晚上都会教女儿写字。他说不能让她输在起跑线上。等下半年，要给她多报几个兴趣班。"

听着她们的议论，当时我觉得自己这位爸爸最不跟"潮流"了。那时为了让桐桐多和小朋友玩，我经常带她到外面跟小朋友接触，让她在玩中学习和人打交道的方法。

除此以外，我会重视培养她的各种好习惯。在我看来，小时候养成的好习惯，会让她受益终身。很少让她学写字、背诗。不过她上学后，成绩一直很好，似乎没有"输在起跑线上"。

孩子进入小学前，父母要着重培养他的一件事就是让他能大胆地表现自己，善于与人沟通以及让他养成良好的生活习惯，这些能力是基础中的基础，远比单纯学"知识"重要得多。

几年前，有位中学生向我"控诉"父亲对他不合理的教育时说道："在我爸眼里，我就是学习机器，他让我学什么，我就得学好。"

原来，他父亲考虑到现在社会竞争压力大，就决定提前让他多学几门"手艺"，说是这样将来才能保证有好工作。

从他上小学开始，他就报了英语、绘画、书法、奥数、作文等特长班。上中学后，父亲又为他报了物理、化学提高班。尽管报的班不少，但他的成绩不升反而开始下降。

父亲为此十分着急，训斥他："给你报这些班，是为了让你成绩好，这样才能进入重点高中，将来才有机会考上名牌大学。可看你现在这样的成绩，别说名牌，一般的大学也够呛。"

他说："听着我爸的埋怨声，我又羞愧又难过，觉得很对不起他。可是，每天学这么多，我真的感觉到力不从心呀。"

我对他说："你可以跟你父亲谈谈，把你的想法告诉他。"

他叹一口气说："我哪里敢和他谈，以前我曾经向他提出，能不能少学一些。他听后非常生气，说我不懂事，太懒，不爱学习，成天就想着玩。我现在只能强撑着了。"

就这样，他每天都被各项繁重的学习任务压得喘不过气来。初三下半年，他曾经萌发过离家出走的念头。那年中考，他考得非常不理想。

之后在选择读高中时，父亲和他再次有分歧，父亲想让他复读一年考重点高中；而他认为自己学习已经很用功了，再复习也考不上，就想到普通高中读书。父亲说什么也不同意。

后来，父亲不顾他的反对，硬是托关系，花了很多钱，为他在重点高中争取到了一个名额。在他上高中的前几天，他在网上对我说："进入重点高中，我的噩梦又要重新开始了。"

听了这位中学生的话，我为他未来的高中生活深感担忧。教育孩子，父母要克服自我中心倾向，不能太急功近利，要给他提供合理的、正常的教育模式，要多征求他的意见，这样才能让他在学习过程中，产生创造性和乐趣。

一天，我出去与一个朋友见面。路上，看到一个三岁左右大的小女孩，跟在妈妈身后，一边走一边小声哭着说："妈妈，等等我。"

"快点走，别磨蹭了，妈妈有急事。"那位年轻的妈妈一边加紧步子往前走，一边打着电话，全然不顾身后孩子的哀求。

"哇——"，女孩见妈妈离自己越来越远，索性一下子坐在地上，放声大哭起来。年轻的妈妈听到了，板着脸回身走到女儿面前，一把拽起她说："哭，就知道哭，你就磨蹭吧！不知道妈妈有事吗？"说着，不耐烦地拉起女儿的手，快步往前走。

我注意到，女孩几乎是被妈妈硬拖着身子往前挪，步子跟跟跄跄，挂满泪痕的脸上，满是痛苦的神情。

看到此处，我都忍不住上前抱抱这个可怜的小宝贝。两三岁的孩子，刚学会走路不久，人小腿短，走路速度慢，而且体力也较小，容易累，这是正常现象。

可是，这位妈妈却无视女儿这些正常的表现，一个劲地说她磨蹭，并且采用粗暴的态度，硬拉着女儿往前走，看着着实让人心痛。

许多时候，孩子身上所出现的一些正常的言行举止，如果你从大人的标准去看，就是错的，因而去纠正甚至责怪孩子。这样做不但没有什么好的效果，反而会使孩子觉得委屈，甚至因此逐渐失去自信，得不偿失。

不管什么情况下，你都要试着从孩子的角度去考虑问题，这样才能理解孩子的行为，才不会用自己的标准去要求孩子。

孩子的成长是个缓慢的过程，不能按快进键，也无法倒退。父母要做的就是安静地等待孩子的成长，给孩子最大的鼓励。

成墨初老师的教育秘籍：

1.父母全面了解了孩子的特长后，便可以有针对性地制定当下的教育计划，对于孩子不要期望过高，也不要急于求成，而应该根据孩子自身的情况进行合理的设定。

2.当父母向孩子提这个要求、那个要求时，要设身处地为孩子想想，通过换位思考，学会让孩子自然成长。

3.不可否认，多数父母喜欢从主观出发，对孩子提出过高的难以实现的要求，这只是父母的一厢情愿。孩子有自己的发展轨迹，父母应该理解这个现实，合理设定自己的期望值。

第二章

孩童的大脑和心理，你到底知道多少

我们都希望孩子越来越聪明，身体越来越健康，心理素质越来越强。但是你对孩子的大脑和心理，到底知道多少呢？

你知道孩子的大脑里有一个"互联网"吗？这个互联网的畅通程度，直接决定了孩子的智力和体力。而要使孩子迅速建好这个互联网，孩子就必须要有足够的体能训练。

你知道童年有一个叛逆期吗？在这个期间内，孩子会变得固执、狂躁、蛮不讲理，让父母们很难驾驭。在这个时期，孩子最需要的是父母的耐心和爱，而不是教育和纠正。

你知道孩子的思维发育程序吗？那是一个在不断的怀疑中一步步走向稳定的过程。

你知道孩子的自我意识完善过程吗？那是一个在不断地怀疑中一步步走向稳定的过程。

你知道孩子心理素质增强的基础是什么吗？是安全感。没有安全感，孩子就没有精力去发展各项能力，也就不会进行内观、自省，也就找不到自己的价值所在，找不到自己的人生方向。

当你了解了这些，你的教育才能够慢下来，你才有能力给孩子更多的自我成长机会，而不是横加干涉。

急于灌输，不如抓住敏感期

在0～6岁的成长阶段，孩子大脑的结构和功能以最快的速度发展着，这一时期是大脑发育的关键期。随着年龄的增长，脑组织结构就逐渐定型，潜能开发就会受到限制。

上个世纪20年代，人们在一片森林里发现了一个"狼孩"，人们给她取名卡马拉。

原来，卡马拉几个月大时被狼叼走，被狼抚养长大，被救出的时候约8岁。

刚回到人类社会，卡马拉用四肢走路，白天睡觉，晚上活动，会像狼一样嚎叫，撕碎大人给她穿的衣服，不吃水果和蔬菜，而吃生肉，且用嘴啃、用牙撕着吃，经常与小狗在一起玩。

人们为卡马拉的教育付出了很多心血，但直到14岁她才勉强学会用两条腿走路，但快跑时还是用四肢。

经过七年教育，卡马拉才学会45个单词，到她17岁死去时，她只学会说50个单词，智力也只相当于两三岁孩子的水平。

与此相对比，一位二战时迷失在原始森林里的日本士兵，独自与野生动物生存了28年，在这期间，他丧失了语言能力和人的基本生活能力。当被解救回人类社会后，他只用了82天的时间就恢复了语言功能。一年后他结婚了，这意味着他有了正常人的生活能力。

卡马拉和日本士兵之所以出现如此大的差别，是因为，卡马拉生命最初的几年尤其是前三年没有接受人类的教育，结果丧失了最佳教育期。而日本士兵则不然，所以他恢复人类的语言和生活能力更快。

科学研究表明，人在6岁前的生长发育会影响其一生的成长发展。

人出生时脑重为370克，1岁时脑重接近成人的60%，2岁时占成人脑重的75%，到3岁时，脑重已接近成人脑重的90%，以后脑重发育速度就缓慢了。

与此相对应，在生命头三年内，孩子大脑的结构和功能也以最快的速度发展着，这一时期是大脑发育的关键期。随着年龄的增长，脑组织结构就逐渐定型，潜能开发就会受到限制。

良好的外界刺激（主要是教育）对关键期的大脑发育有重要的影响。关键期内的教育会事半功倍，错过了关键期教育就会事倍功半，卡马拉和日本士兵的故事就说明了这一点。

所以，父母要抓住孩子的敏感期，在敏感期内进行有效的教育，这样能让教育效果事半功倍，给孩子一生积极的影响。

多年前，我在一所中学结识了一名高中女生并且始终都保持着联系。如今她已大学毕业在京参加工作，并且结了婚，有了个一岁半的女儿。

听说我在做家庭教育事业，这位妈妈有一次带着女儿来拜访我，跟我交流讨论有关孩子教育的问题。

"成老师，我特别希望我女儿有出息，您觉得，孩子从什么时候开始教育比较好？"

我不假思索地笑着对她说："你孩子的教育已经晚了一年半了。"看她迷惑的眼神，我又给她讲了下面这个故事：

生物学家达尔文不仅对物种起源研究精深，在育儿方面的见解也很独到。

一次，一位美丽的少妇抱着自己的孩子来找达尔文，向他请教育儿的问题。

"啊，多漂亮的孩子啊！几岁啦？"没等少妇开口，达尔文就高兴地对她说。

"刚好两岁半。"少妇诚恳地对达尔文说，"当妈妈的无论如何都希望孩子能成才。您是科学家，我今天特意登门向您求教这个问题。"

"您要问什么问题呢？"达尔文微笑着注视着夫人。

"我想问一下，对孩子的教育，什么时候开始才好呢？"

"唉，夫人，很可惜，您的孩子已经晚了两年半了。"达尔文惋惜地告诉夫人说。

"孩子从出生之日起就应进行教育了，实际上，从胎儿时期孩子的教育就应开始了，这也是很多教育专家的观点。"我进一步对这位妈妈总结道。

对孩子进行教育，可以从胎儿时期开始。

我的一位同行朋友小陈是早期教育的身体力行者，她从怀孕四个月起就休假在家，开始认真进行胎教。

女儿出生后，小陈开始着手实行她完美的"早期教育计划"。

刚出满月，小陈就整天指着女儿能看到的东西对着她念念叨叨，告诉女儿说："窗帘""窗户""电灯"……

女儿不到3个月，小陈就帮助她练习翻身；不到6个月，就把她抱起来放在两床被子中间，让她练习坐；7个月时，小陈用毛巾拴着她的小肚子，让她练习爬……

无论把女儿抱到哪里，无论她爬到哪里，无论女儿看到什么、抓到什么，小陈总不失时机地告诉她："这是苹果，圆圆的，红红的，咬一口，好甜啊……""这是杯子，用来喝水的……"

天气好了，小陈就带女儿到室外，不厌其烦地跟她讲述看到的、听到的、摸到的各种事物："花儿开了，这是红色的花。""那是小狗，它有白色的毛。"

等女儿会走路、会说话了，小陈就鼓励女儿学习自己吃饭，自己洗脸刷牙，学习讲故事，学习表达自己的要求，学习收拾玩具，学习一切她这个年龄可以做的事情……

经过几年的早期教育，刚上幼儿园的女儿就崭露头角。比如，她自理能力很强，唱歌、讲故事、阅读、手工等都不在话下，性格也很好，做事比同龄孩子更大方得体，小朋友和老师们都很喜欢她。

关键期内的教育可以使孩子获得各种优秀的能力，而这些能力会给孩子以后的生活带来很多便利，让孩子比同龄人更加优秀。

敏感期的教育内容很多，从基本动作和语言的学习，到各种日常行为的学习，从做事的基本规范，到与人交往的基本礼貌，从认识周围万事万物，到学习生活中的基本常识等等，都是早期教育的重要内容。

孩子要经历很多身心发展的敏感期，如肢体动作敏感期，语言敏感期，秩序敏感期等等。父母要把握孩子的敏感期，在敏感期内进行及时有效的教育。

成墨初老师的教育秘籍：

1.只有先了解孩子各种能力发展的关键期，才能更好地利用关键期来教育孩子。因此，父母们应该积极学习和了解关键期的知识。

2.根据早教的有关理论，两至三岁是孩子的口语发展关键期。在这段时间里，父母可以努力为孩子创造语言环境，如播放动画片、电影等。

3.当孩子还在牙牙学语之时，父母不要忽视对他们品格与习惯的培养。因此，当孩子睁开双眼时，父母就应该向他们微笑，以自身的好习惯，来引导孩子形成良好的行为习惯。

4.在教育孩子的过程中，父母一方面应该重视孩子的智力发展关键期，另一方面也应该以孩子的实际情况为基础，不盲目，更不应该逼迫孩子学习。

孩童，有一个短暂的叛逆期

孩童叛逆，是成长的必然。其实这种叛逆是一种成长，而如何对待叛逆期的孩子，则是对父母的考验。

大人总是喜欢和孩子较劲："是我的孩子，就得听话！""是我的孩子，就得乖乖的，不能闯祸！"可你有没有想过，只知道乖乖听话的孩子，又怎能探索出属于他自己的世界呢？

小桥在街头"流浪"好几天了，但他并不是孤儿，他的父母还是小有成就的企业家。那他为什么"流浪"呢？

原来，有一天放学时，小桥的同学想要找他借十块钱，买一点吃的。小桥没有给他。那个同学就骂骂咧咧地说他是铁公鸡，对同学一点感情都没有。

小桥的本意是不想让那个孩子在外面吃不卫生的零食，但他还没有说出来，对方就破口大骂。小桥非常生气，他不由分说，随手在地上捡起一块砖头，就朝对方头上砸了过去。

那个孩子迅速躲了一下，但还是被擦伤了脸颊。疼痛和害怕，让那个孩子居然不顾面子，大声哭叫了起来。他一边哭一边说："你等着，小桥，我一定要告老师，让老师找你爸算账。"

这话正说到小桥的软肋上，他心虚极了，低着头，过来想要安慰那个孩子。但那个孩子根本就不领情，恶狠狠地说："你就等着挨揍吧！"说完头也不回地走了。

小桥害怕极了，连回家的勇气都没有了。可是他身上又没带多少钱，能去哪儿呢？犹豫间，他居然逃票混上了去往外地姨妈家的大巴，准备到那里躲避一段时间。

可是到中途售票员查票的时候，小桥就被赶下了车。他就漫无目的地在街头游荡，饥一顿饱一顿，冷一夜暖一夜，吃了不少苦头。

一个星期之后，小桥实在是受不了了，他主动找到了当地的派出所。在民警的帮助下，小桥重新回到了父母的怀抱。

小桥的妈妈把儿子紧紧抱到怀里，一边打他一边哭着说："你这个死孩子，跑到哪儿去了？你要是有个好歹，妈妈可怎么活啊……"

小桥的爸爸却很镇定，说："儿子，小小年纪，居然能在外面独立照顾自己这么久，老爸佩服你。"

小桥的妈妈一听，差点气晕过去，说："你这是唆使孩子继续流浪啊？你希望孩子还离家出走啊？"

"当然不是，不过，这对他真的是一场很好的历练。儿子，我问你，再有人和你闹矛盾，你还会举砖头打人吗？"

小桥摸了摸脑袋，不好意思地承认了自己的错误。

你能容忍孩子犯下多大的错误？孩子回头的时候，你又是用什么态度来接纳他的呢？

要做好父母，你就得学习一下小桥父亲的魄力。

幼年时期，孩子正处于一个狭隘的自我世界里，他的大脑还没有发育完善，思想会显得极为幼稚，会做出很多出格的事情。但每一种出格，都会遭遇强度极大的历练。所以，在保证孩子安全的情况下，适当允许孩子出格，反而能帮助孩子成长。

小环特别喜欢长袜子皮皮，尤其喜欢她的"胡作非为"，比如和警察打架，和蟒蛇聊天等。

最让小环美慕的，是长袜子皮皮从来不用担心父母的管教，即使她通宵熬夜，或者没完没了地吃糖，也没有人跳出来管教她。

想想自己，别说熬夜了，晚上只要超过八点，自己没有躺在床上，那么等待她的，不是爸爸的训斥，就是妈妈的唠叨。小环真是烦透了。

小环想："我要是个孤儿多好啊！"

这样想多了，小环就忍不住跟自己的妈妈说了，她说："妈妈，你就不能让我成为一个孤儿吗？"

这话可是大逆不道。小环的妈妈颜色大变，她厉声问道："谁跟你说什么了？你怎么这么没有良心？居然还咒自己的父母死。你知不知道，如果我们俩都离开了，你会有什么样的下场？"

话没说完，小环的妈妈已经泪流满面。小环吓坏了，连忙说："我说错了，妈妈，你原谅我吧，我再也不这样说了。妈妈，我都是说着玩的，你别当真啊。"

小环虽如此说，但她的妈妈哪里肯信，她愤愤不平地说："我就不知道你这孩子怎么这么心狠？你难道看不到我和你爸为你付出的辛劳？啊？居然还能说出这样的话来？我真是伤心。你继续这样，你想想我还会好好疼你吗？"

小环一听，吓得哇哇大哭，把头扎到妈妈怀里，说："妈妈，我错了，你就原谅我吧。"

小环妈妈这种做法对吗？小环真的是大逆不道吗？

当然不是，因为很显然，小环并不能理解自己所说的"孤儿"的真实含义。对思维模式不成熟又"奇特"的孩子来说，不管他说了什么不对的，做了什么不好的，都不是恶劣品质在作怪，而是孩子的一种无知尝试。家长千万不要往心里去，也不要因此责怪孩子，更不要对孩子进行品质评价。

闪闪还不到十周岁，是班里最小的孩子。

有一天闪闪回家，居然悄悄对妈妈说："妈妈，我们班女同学都在谈论谁喜欢谁的问题。"

闪闪的妈妈一听就紧张起来，她马上拉下脸，对闪闪说："我不管别人怎么做，你可不能做这种不要脸的事情啊！"

"那怎么是不要脸呢？我们同学都这样！"闪闪有些不满。

"你也这样吗？我告诉你，你现在还不到十岁，就搞对象，这耽误你学习不说，还耽误成长，知道不？难道你希望自己很早就成为别人的童养媳啊？"

"什么跟什么啊？"闪闪很愤怒，她狠狠瞪了妈妈一眼，转身跑开了。

身后，妈妈拉长了声音，还在告诫她："不许和男生走得太近。有男孩子想要靠近你，你就打他，骂他，听见没有？"

闪闪没有回答，她也没法回答。对于一个十岁的孩子来说，严肃告诫她不许"搞对象"，否则就是童养媳，这不是教育，而是辱骂。孩子怎么会听得进去呢？

在开放的环境中长大的孩子，会有一些出格的"前卫"思想。我们暂且不论他们的思想对错，在孩子没有完全理解这种"前卫"思想本质的情况下，不要对孩子进行思想教育，否则，只会让孩子产生逆反心理，把秘密都藏在心里。

孩子在大脑没有发育成熟之前，都会有一个短暂的叛逆期，表现为思想、语言和肢体行为上的混乱、无知和冲动。处于叛逆期的孩子，不管淘气与否，内向外向，可能都会做出违背家长意愿的事情。这是因为他还不能客观地看待周围的世界，对与错的判断、好与坏的评析，他都很难正确把握。父母需要给予孩子极大的宽容，允许孩子犯错、闯祸。

成墨初老师的教育秘籍：

1.不要把孩子的出格行为，都简化成错误、闯祸、破坏，而加以批评、惩罚。要能客观地、宽容地看待孩子的出格行为，能完整解读孩子的出格心理。

2.在这个极度开放的信息时代，孩子们可能会"早熟"。但所谓的"早熟"，只是一些成人的惯性思维和偏见。不要用成人的价值观去为孩子洗脑，那不但不管用，反而可能会把孩子推向另一个极端。我们要做的是，用温和的解释，坚定的态度，告诉孩子哪些还不可以，这就足够了。

3.孩子在思想没有成熟之前，难免会说一些幼稚伤人的话，做一些暴力冲动的事情。孩子越是这样，父母就越是要宽容，越是要相信他能做好。否则，孩子就会破罐破摔，走得更远。

本我、自我、超我，错过一个都不是我

简单说，本我，就是生物本能，是没有理智可言的。自我，具备一定程度的分析和判断，通过一定的手段，来完成本我所产生的欲望。而超我，则具有极高的道德意义，是不受欲望控制的自我。

自我价值观的生成和完善，直接决定着孩子人生的方向和理想完成的自我激励程度。也就是说，如果孩子对自我没有清醒的认识，那么他的人生会处处都是迷茫和陷阱。所以，父母们要学习一下有关"本我""自我""超我"的知识，了解孩子自我的建立过程。

桐桐小时候特别活泼机灵，一点都不"怕生"，她自己都说自己是"人见人爱"型的女孩。有一次，一个远方朋友，带着自己的儿子，来我家里做客。我很高兴地招呼他，喊着桐桐出来迎接客人。

桐桐很是兴奋地答应了一声，就跑出来了，可是她一看到来的是一个男孩，马上就嘟起了嘴，扭身进屋了。

我那个朋友和他的孩子都特别尴尬，我也有点尴尬，就问了一声："桐桐，你怎么了，怎么不过来和小哥哥打招呼？"

桐桐"咣"一声把门关上了，然后隔着门喊了一句："叔叔好，哥哥好。"之后，就再不说话了。

朋友特别善解人意，他笑着说："小孩子，不熟悉，难免的。看来，我这胡子该剪剪了，不然容易吓着孩子。"

这时听桐桐隔着门喊道："叔叔不吓人，哥哥才吓人。"

我和朋友同时一愣，我问道："哥哥长得这么清秀帅气，怎么会吓人呢？"

桐桐打开门，说："凡是男孩子，都吓人。"

我和朋友同时笑了,桐桐看了看我们两个大人,说:"大人除外。"

这时候,朋友那个小男孩说:"可是我觉得你不吓人,你很漂亮啊。"

桐桐忍不住笑了,说:"我本来就漂亮。"

说完,她也不顾刚才自己说过男孩吓人的话了,凑过来问道:"叔叔,你们是从地图的哪个地方来的?"

我和朋友都笑了。

我知道,这个时候,桐桐已经有了性别意识,但她只是站在本我的角度来考虑异性。

本我是一种浅层次的我,本我都是冲动的、盲目的、非社会性的,也是自私的。当孩子在发展本我的时候,不要跟他谈论道德和常理。你说了,他也做不到。

桐桐的朋友嘉嘉和母亲一直不和,每次母女俩闹别扭,嘉嘉都会躲到我家里来。

我告诉桐桐,千万不要在嘉嘉面前说她母亲的坏话,否则,可能会破坏母女之间的关系。

桐桐很聪明,每次嘉嘉抱怨的时候,先是顺着嘉嘉的想法说,有时候还会跟着嘉嘉去找她母亲理论。但每次嘉嘉骂自己母亲的时候,桐桐都会说:"不要这样,你妈妈也是一片好心。"

嘉嘉上初中后,和桐桐的来往渐渐少了,偶尔和桐桐见个面,也很少抱怨她的母亲了。

桐桐很好奇,忍不住问道:"你现在长大了,你妈妈对你是不是不一样了?我听很多孩子说,自从自己上了初中之后,父母对自己的态度都不一样了。是不是?"

嘉嘉点点头,说:"是,但她还是挺让人伤心的,不过我现在已经能够忍受了。"

桐桐看嘉嘉不想继续说,也就没再问。但是她有很多不解,回来就问我:"爸爸,你说嘉嘉姐是不是棱角被她妈给磨平了?"

我听完桐桐的话之后,告诉桐桐:"这不是被磨平了,而是长大了,懂得忍让了。"

桐桐还不懂，她当然不懂，她现在还处于本我的阶段，而嘉嘉，已经进入了自我。

进入自我的孩子，学会了延迟满足，他们能少量容忍痛苦和折磨，以期获得更大的幸福。这个时期的孩子会显得更加温顺，那往往是表面现象，他们心里另有目的。这个时候，如果压制孩子的话，孩子可能学会阳奉阴违。

夏宇是桐桐的笔友。他曾是一个留守儿童，成长的过程中，虽也经历过磕磕碰碰，但他的心态却非常好。

那一年，夏宇、桐桐跟着我一起参加一个教育活动。活动内容是关于亲子关系的。

有一个家长，带着自己的孩子过来咨询，他说这个孩子偷摸抢，什么都做，就是不做好事。他说他很惭愧，因为孩子年少时，自己在外面创业，没有教育好他。

他刚说到这里，夏宇就忍不住了，他说："不是所有的留守儿童都可能变坏。我不觉得偷摸抢是变坏，他只是还没有想明白。"

那位家长和那个孩子都以诧异的眼光看着夏宇。

夏宇没有看那个家长，而是对孩子说："哥们，我就是留守儿童。我也做过错事，但我不相信我一辈子就那么低贱地活着，后来我就发现这世界上也有我的活路。你干吗不找找你自己的活路？"

"我自己的活路？"那个孩子怯怯地问道。

"我有一个小偷朋友，他后来金盆洗手了，专门学雕刻。他的手特别巧，他的耐心也特别强。他说，这都是在做小偷的时候练出来的。"

那个家长颜色大变，他要阻拦夏宇，我给他使了个眼色，因为我发现那个孩子眼睛在慢慢变亮。

回来的路上，我问夏宇："你公开说自己有小偷朋友，又说自己是留守儿童，你会感觉很难堪吗？"

夏宇说："有点，但我觉得，判断一个人，不能凭一时之为。"

这话如此深刻，让我大为惊叹。

在度过了一个自我阶段之后，一些孩子会进入到超我的阶段。在这个阶段，孩子已经具备了一定的信念，以及自我信仰，他们会更加理智，对自己的要求也格外高。一旦孩子进入这个阶段，他就可以进行自我管理，父母就省心了。

了解孩子的自我意识发展，可以帮助父母决定，何时可以放手，何时必须要插手孩子的事情。而且，在必须要对孩子进行指导时，你可以根据孩子的心智发育程度，进行相对应的指导。需要注意的是，不能使用万能胶式的教育——说教、批评。

成墨初老师的教育秘籍：

1. 孩子很小的时候，会是自私的、固执的、蛮横的，但这并不说明你没有教育好他，而是说明他正在经历第一个本我的阶段。在这个阶段，孩子是很难控制自己的欲望的。不要急于让孩子控制自己的欲望。

2. 为了让孩子从本我到自我过渡，我们可以采用一些手法进行推进，比如，把孩子带进群体中，让他了解别人对自己的看法，了解自己在群体中的地位和被人需要的程度。

3. 在孩子的自我发展过程中，父母一定要学会做旁观者进行观察，然后根据观察结果，给孩子一个适当的环境，让他在环境中不知不觉改变，千万不能急于说教、催促、喝令孩子改变。这非但于事无补，可能还会适得其反。

4. 不是所有的孩子都能很快进入"超我"，有些孩子，终生都无法体会超我的感觉。这些孩子，大多都是被束缚得很严重的孩子，要么就是被溺爱，什么都不用做的孩子。

思维发育过程：直观、形象、抽象

2~3岁的孩子，思维以直观为主，3~6岁的孩子，则是以形象思维为主，此时的孩子还是会依靠事物表象来进行思维活动，不能进行深入思考。直到6岁以后，孩子的抽象思维才逐步发展起来。

我们为什么要了解孩子的思维发育过程呢？举一个简单的例子，你对两岁的孩子说："孩子，你来看看哪个是二舅妈，哪个是大姨姥姥？"你觉得孩子会理解吗？孩子能很快为你指出来吗？当然不能。

我记得夏宇跟我讲过他小时候的一个笑话。他说："叔叔，我小时候总是分不清公鸡和母鸡。"

他说："别人家的公鸡可能都很漂亮，但是我家的公鸡，尾巴秃了，脑袋光了，一边的翅膀还张着，身体到处都是伤痕，走路也歪歪斜斜的。

"我奶奶告诉我这是公鸡，然后又指着有漂亮羽毛的芦花鸡，说那是母鸡。我那时候就以为母鸡比公鸡漂亮。

"后来上学后，我看到书上公鸡的图片都比母鸡漂亮，还有一个美美的冠子，就觉得特别奇怪。我想，不是我奶奶是骗子，就是书是骗子。有我家的芦花鸡和秃公鸡为奶奶做证，最后我认定，书是骗子。有好一段时间，我都不相信书。"

我哑然失笑，想起小时候，第一次听到敲钟的声音时，正是母亲给我穿上一件新棉袄的时候。自那以后，我就觉得一敲钟，心里就很温暖。

如果你仔细回忆，你的童年里，肯定也会有类似这样的记忆。

这就是一种直观思维。在直观思维世界里的孩子，脑子里只有看到、触到、闻到、吃到的东西。如果所见都是独特的个案，不是普遍现象，那么在以后的思维发育过程中，他都会感到纠结，对世界的矛盾感到不理解。所以，在孩子直观思维为主的时候，不要为他讲述太多的东西，以免发生混淆。

桐桐六岁的时候，看过一个童话剧，里面有一个人物，从普通人变成了仙子。但这个变化过程特别痛苦。

这个人首先把自己用面纱蒙了起来，然后用一块湿毛巾把自己的嘴堵住。这样憋了三天三夜，这个人出现了幻觉。

在幻觉的世界里，有一个类似于魔法棒之类的东西，这个人于是在思维意识里去追随这个魔法棒。

他追了很久，很久，克服了很多挫折，迈过了诸多坎坷。最后，他终于来到了一个花园似的庭院里，在那个庭院里，他吸入了一股奇怪的力量，于是就成为仙子了。

看完这个之后，桐桐一直嚷着，自己也要成为仙子。我和妻子都笑着说："好，好，好，你本来就是一个仙子。"

桐桐很认真地问："真的吗？"

我和妻子都回答说是，我想着这不过是一个小孩的憧憬，我不能破坏她这个美好的梦境。

可是有一天，桐桐翻箱倒柜地找妻子的纱巾，我们还是没有在意，以为她又要打扮自己。

那天晚上，桐桐说，她要早睡，叫我们不要打扰她。妻子看着她躺进了被窝，就出来忙自己的事情了。

大约十点左右的时候，我偶然走过桐桐的房间，听见里面有奇怪的声音，闷闷的。我悄悄打开房门，结果发现桐桐的被窝拱起一个大包，她似乎跪在里面。

我打开灯，问道："桐桐，你怎么了？"

桐桐听见声音，忽然一下趴在了床上，被窝也塌了下来。我连忙走过去，揭开被子，结果我看到桐桐蒙着纱巾，嘴里还堵着一块湿毛巾。她的小脸都憋紫了。

我吓坏了，赶紧把桐桐抱起来，把她嘴里的毛巾拽出来，把那条纱巾也解开来。好半天，桐桐才喘过气来。可她刚能张嘴说话，就抱怨道："你怎么能影响我成为仙子呢？"

我恍然大悟，紧紧抱着她，说："我的傻丫头，那个只是电视剧。你这样做，只会把自己憋死。"

从那以后，桐桐再有什么幻想，她都会和我分享，我既不破坏她对美好境界的憧憬，也不想让她偏离现实太远。

孩子有了形象思维的时候，会在脑海里有一个完整而形象的图像，但是这个图像是不够科学的。这个不科学的图像会引导孩子做一些不理智的行为。此时，他需要父母的引导。

嘉嘉经常忘记戴红领巾，她妈妈天天骂她丢三落四的。嘉嘉很不服气，就跟桐桐说，她不喜欢红领巾。

桐桐特别向往长大，看着大哥哥大姐姐们都戴上了红领巾，特别羡慕。上一年级的时候，她天天盼着自己能够加入少先队。终于得到红领巾的时候，她简直欣喜若狂。因此，她特别不理解嘉嘉的想法。

嘉嘉悄悄告诉桐桐："你知道红领巾为什么那么红吗？"

桐桐摇头，嘉嘉说："那是烈士的鲜血染红的。就是死人的鲜血！"桐桐大惊失色，赶紧把脖子上的红领巾摘了下来。

再上学的时候，桐桐问我："爸爸，我可以不戴红领巾吗？我带一条红布可以吧？或者带一条绿布。"

我很诧异，问她为什么，她说不喜欢血，不喜欢戴染着别人鲜血的红领巾。我笑了，对她说："那只是一种象征。当下的和平与幸福，都是革命烈士不惜生命，为我们打造的。我们戴红领巾，是为了纪念他们，也为了警示我们珍惜当下。"

我说完这话，心里也很没谱，不知道桐桐是否能懂。

桐桐想了一会，点点头说："我明白了，就是说红领巾，并不是血染成的。不过革命烈士的血，却是红的，用这个红，代替那个红，让我们都记住他们。"

我点头称是，笑着说，桐桐真是长大了。

随着孩子慢慢长大，他们的抽象思维活动越来越完善。父母在和孩子沟通的时候，可以试着用一些复杂的现象、问题，来启发他的思维，帮助他们完善抽象思维。

思维发育是一个缓慢的过程，成人已经具备了完善的抽象思维，难免会说一些孩子不懂的话，做一些孩子无法理解的事情。如果孩子向你提问，你可以根据孩子的思维发育程度，做出相应的解释。你的答案，千万不可超越孩子的思维能力。否则，你越解释，孩子就越不明白。

成墨初老师的教育秘籍：

1.如果你不是老师，你在给孩子解决学习问题的时候，常会出现这样的事情：你越解释，孩子就越糊涂。出现这种情况，说明你没有按照孩子当下的思维方式来进行启发。

2.孩子的思维发育，一定要经历直观、形象和抽象三个过程。前两个过程，缺一不可。

3.为了让孩子抽象思维得到更完善的开发，在孩子还处于直观、形象思维阶段时，父母一定要多用实体来说话，使孩子的头脑中有足够多的具体形象。因为抽象思维必须要在形象思维的基础上发展而来。

安全感，是各种能力的地基

没有安全感的孩子，就没有自我，没有良好的心理素质。他也能发展各项生存技能，但这种技能的心理支撑，却可能是恐惧和欲望。

安全感，到底是个什么东西呢？女人可能对这个极抽象的词汇感触颇深。没有安全感的人，不光会有各种没来由的恐惧，为了消除这种恐惧，他们可能还会做出许多不理智的行为。如果孩子没有安全感，那会更可怕，他不但会胆小懦弱，还会产生非常阴暗的心理。

小雪是单亲孩子，她的爸爸很早就离开她和妈妈，重新组建了家庭。妈妈一个人带着她，还要辛苦工作，压力特别大。

妈妈极力呵护小雪，什么都争取给她最好的，也不让她受到任何伤害。可是有时候情绪崩溃的时候，妈妈还是会对小雪大喊大叫。

从小雪上小学开始，她就努力让自己做一个小大人，希望能多帮一帮妈妈，减轻妈妈的负担。

她也的确做得很好，洗衣做饭全会，妈妈回来后还负责捶背，学习成绩也是数一数二的。所有知道这个女孩的人，都忍不住啧啧夸赞。

有一次，妈妈出差，这是自有小雪以来的第一次出差。妈妈把小雪托付给了住在附近的小雪的二姨。妈妈临走前，交代这，安排那，非常不放心。小雪还安慰妈妈说："没事，我自己都能照顾自己，何况还有二姨呢。"

可是妈妈走的第一天晚上，小雪就发高烧、说胡话。二姨赶紧带她去看医生。医生检查过后，告诉二姨，不过是普通的小感冒。

二姨觉得不是大问题，就没有告诉小雪的妈妈。

偏偏妈妈出差后遇到了问题，需要延长几天才能回来。小雪得知消息后，本来已经有所好转的病情，忽然就加重了，而且还转成了肺炎。

尽管医生诊治及时，但小雪的病却时好时坏，一直到妈妈回到家中，她才完全康复。

自那以后，只要是一天内见不到妈妈，小雪就会生病。

像小雪这种情况，就属于没有安全感。失去了父亲的保护，她会感觉世界缺了一角。尽管她似乎事事都能做好，但实际上却是为了保护母亲的存在。因此，当母亲不在的时候，她就会变得软弱无力，甚至生病。

如果孩子的世界是缺角的，他必然无法对这个世界产生安全感。所以，在孩子接受其他教育之前，应该为孩子补足所缺的一角。

阿杰是一个活泼的小男孩，和小朋友在一起的时候，总是有说有笑。为人也颇有气度，能忍能收，小朋友们都很喜欢他。

但阿杰在老师面前，可就是另一副样子。每一任老师，和阿杰都会有这样那样的不愉快的故事。

阿杰的母亲一直不明白，为什么自己的儿子总是无法和老师好好相处呢？

在阿杰上四年级的时候，来了一位新老师。不知是她刚毕业没有经验，不会教育孩子，还是阿杰欺负老师稚嫩，他居然在课堂上打了老师。

这位新来的老师立刻就把阿杰的母亲找了过来，一边哭诉，一边指着自己胳膊上的青痕。阿杰的母亲心一下子就缩紧了，她觉得儿子已经到了危险的边缘。

再看阿杰，低着头，蜷缩在椅子的一角上，手还在颤抖着。阿杰的母亲既心疼又无奈，她提出向老师赔偿，然后就带着阿杰走了。

一路上，母亲什么也没有说，阿杰自然也不敢说一句话。回到家中，妈妈一下子瘫倒在沙发上，阿杰站在那里，不知所措。

妈妈的眼圈都红了，但是她抬头看了一下阿杰，招手示意他坐过来。阿杰战战兢兢地坐过来，妈妈一把就搂住了他，号啕大哭起来。

好半天，妈妈才说："小杰，我知道你肯定不会无缘无故地下手的，你不是那样的孩子。不管怎样，妈妈都会一直爱你，不过，下一步，咱们的路可能会更难走一些了。"

一直绷着脸的阿杰听到妈妈这样说，终于忍不住了，也号啕大哭起来，直哭到天昏地暗，哭到泣不成声。

妈妈一直搂着他，一直拍着他的背，一直轻声安慰他："没关系，小杰，没关系的，只要有妈妈在，你就不会再受委屈。"

"妈妈，你怎么知道我委屈？其实，我就是感觉所有的老师都是坏人，因为他们会训人，会打人，和学生是势不两立的。"

"为什么？你为什么会这么想？"

"因为我上幼儿园的第一天，老师就打了我。"

"什么？你为什么不和我说？"妈妈怒不可遏。

"我不敢说，怕她又打我。"

妈妈听完阿杰这些话，简直就气疯了，她站起来就走，她要去找那个不负责任的老师。但阿杰把她拉住了："妈妈，你不要去，只要有你在，我就不怕老师了。"

妈妈拉着阿杰的手说："傻孩子，不怕，有妈妈在。"

相信这样的故事，对于我们来说，并不陌生。但是这位妈妈的做法还有一些欠缺，那就是最后的时刻，一定不要让孩子和老师在情感上对立。

不管是什么样的老师，只要我们告诉孩子，老师就和爸爸、妈妈一样，那么孩子从情感上就能接受老师，而不是排斥。

孩子在进入社会的过程中，会遇到这样那样的敌视和挫折，这时候，他很容易失去安全感，这就需要父母具备极大的耐心，给予孩子无条件的爱。

安安是一个非常霸道的孩子，可是他的霸道，却只限于父母在身边的时候。一旦父母离开了他，他就会变成"软蛋"，连比他小的小朋友，轻轻推一下他，他都会立刻倒在地上，哇哇大哭。

安安为什么会有这样的性格呢？

原来，安安的父母特别溺爱他，溺爱到什么都希望孩子能独享，溺爱到孩子走到哪里，都跟着他到哪里，为他解决一切问题。

久而久之，孩子的安全感，就建立在父母身上了：只要父母在，自己就是世界的中心，但父母若离开，自己就被世界抛弃了。

由此可见，过于保护孩子，不给孩子历练的机会，也是剥夺孩子建立安全感的错误方式。安全感的建立，需要父母的爱，更需要孩子在人群中建立起来的自我感。

帮助孩子建立安全感非常重要，没有安全感的孩子，对关系的理解会很极端，心理也会极端脆弱，很容易出现心理问题。为了帮助孩子建立安全感，父母必须要给予孩子充足而正确的爱，让孩子觉得可以依赖。需要注意的是，父母不要过早让孩子进行独立活动，尤其在孩子对周围世界不熟悉的情况下，否则，一旦出现问题，可能就会让孩子终生缺乏安全感。

成墨初老师的教育秘籍：

1.父母的爱，是孩子建立安全感的基础。

2.让孩子看到，父母是永远值得信赖的，是永远值得依赖的，孩子才会相信世界是安全的。

3.在推孩子出门之前，一定要把孩子所要经历的环境调查好，确保孩子不会出现大的意外，以使孩子逐渐产生自信。

4.在推孩子出门之前，先要帮他建立起独立生活的方式，尤其是独立思考的能力，把各种可能出现的情况，都要跟孩子练习一遍。这样，孩子在独立活动遇到问题时，可以有办法应对。

0~6岁，运动就是开智

运动，对于幼儿来说，不但是对身体成长的一种锻炼，也是对智力发育的一种开拓方式，甚至对性格气质的形成，也具有一定的正向作用。别过早教孩子知识，要多陪孩子运动。

运动对于孩子的好处，有内外两个方面。内在的，能促进孩子神经、肌肉以及骨骼的生长；外在的，能帮助孩子积累知识和经验。所以，别吝啬，给予孩子多多的运动时间吧。

桐桐刚出生的时候，小手放在胸前，只要一有声音，小手就会激灵一下，小身子也会颤抖一下。

我母亲说：一定要把孩子的小手绑起来，免得孩子老是受到惊吓。这是一种传统的方法，我那个年代的孩子，几乎都会经历这样的捆绑。

我和妻子都不太懂，就任由我母亲做了主，用一个襁褓把桐桐紧紧裹了起来。

我们刚裹好，医生就进来了，她看到桐桐被包得那么严实，非常生气，上去就把带子给解开了，一边解一边还说："干吗要把孩子裹成这样，你们不希望孩子长好啊？"

我母亲在旁边说："孩子一听到声音就一激灵。"

"那是很正常的。我告诉你们，孩子从现在开始，已经来到了这个世界，她的小手、小脚，得多接触这个世界的东西才行，不要老裹着她，不然她长不好。"

母亲还想说什么，但医生严厉制止了她。

后来，我查阅了大量的幼儿图书，发现医生的话是对的。就连蒙台梭利，也有关于不束缚刚出生的孩子的教育结论。

很多人说：出生的孩子，如果不裹紧，孩子就会没有安全感。这是错误的，其实孩子只需要轻轻包裹一层温暖舒适的毯子就好，只要温暖，孩子就会有安全感。裹得过紧，会限制孩子的活动空间，影响孩子的发育。

朋友小青是孤儿，在她怀孕的时候，丈夫出车祸死了。她一个人孤苦伶仃，还要带孩子，看着就让人心酸。

我和妻子经常过去看她。那天，我们又去她租的那个小院子里，院门敞着，她却不在家里。我们喊了半天，也没有人应，就走了进去。

一进门，妻子就吓得"啊"了一声，然后一个箭步就蹿到了床边。她的速度过猛，吓了我一跳。我定睛一看，只见小青的女儿两只小手正紧紧扒着小床，两只小脚丫垂吊在空中。

这小家伙也就八个月吧，看到这情景，我的心差点跳出来。妻子已经把孩子抱了起来，她紧紧搂着孩子，眼睛里瞬间溢满了泪水。

就在这时，就听身后"咚"的一声，一声尖叫之后，眼前一个黑影掠过。是小青，她迅速地跑到妻子身边，一把将孩子抱到自己怀里，泣不成声。

妻子搂着小青，也哭了起来。

好半天，小青才抽噎着说："我太粗心了，我得把孩子捆上，现在孩子已经会翻身，会爬了。稍不注意就不行，这太危险了。"

妻子马上严肃地说："孩子必须得学会爬，会爬才能健康。你要是现在怕孩子难带，就不让孩子爬，那以后孩子会更难带，会有更多的问题等着你。孩子身体不好，智力发育出现障碍。到那时候，你就会更难。"

小青又哭了起来。我和妻子知道，她是没有办法。

为了帮助小青，我和妻子发动了所有的亲朋好友。我们制定了一个详细的时间表，使得小青的女儿2到6岁那几年，每一个时间段，都有一个人陪着她带孩子。

爬行，能促进孩子大脑及各个神经细胞之间建立起通畅联系，是大脑互联网建立的关键。另外，孩子爬行都会有一个目标，为了到达这个目标，孩子会发动自己的听觉、视觉、触觉等各种感官。因此，爬行是统感训练的一个必然步骤，千万不要阻止孩子学习爬行。

我带着桐桐去超市买东西，走在路上，看到一个两岁左右的小女孩，正蹲在妈妈的脚边哭，一边哭，还一边说："妈妈抱，妈妈抱。"

那位妈妈很气愤地大喊："越会走路，就越不想走。你看不见妈妈手里有东西吗？妈妈怎么抱你。听话，你看小姐姐，都自己走，咱也自己走，好不好？"

这位妈妈指着桐桐，告诫自己的女儿。小女孩回头瞅了桐桐一眼，马上又抱紧妈妈的大腿，一定要妈妈抱着。

那位妈妈坚决不抱，她把小女孩的手扒开，自己拿着东西径直走了。

桐桐很同情那位小女孩，就说："妈妈好狠，不抱孩子。"

那位妈妈听见了，笑着对桐桐说："乖，你不知道，她自己能走，就是想偷懒。"

我忍不住了，说："孩子现在体力还很弱，而且这个年龄的孩子上身长、下身短，两条腿支撑的重量大，走路多了自然累。这时候不要强迫孩子走太多的路，否则孩子的腿容易出现畸形。"

那位妈妈诧异地看着我。

桐桐很得意地说："我爸爸很懂教育。"

那位妈妈还是诧异地看着我和桐桐，她想了好一会，终于回身，抱起已经赶过来的孩子。

让孩子运动，也要有一定的限度，必须要参考孩子的承受能力，一旦超越孩子的承受能力，就会对孩子造成伤害。

让孩子运动，不必一定要有良好的运动设施，也不必一定要到户外，随手可用的东西，随处可有的空间，都可以帮助孩子进行身体锻炼。此时父母需要做的，就是保证孩子的安全，尽量少插手孩子的自我娱乐运动。但是不要强迫孩子进行过量锻炼。

成墨初老师的教育秘籍：

1.让孩子多攀爬。在攀爬的过程中，孩子不但锻炼了身体机能，大脑得到发育，还能建立形状、空间的直观感，有助于孩子建立抽象思维。

2.孩子的每一项运动，都伴随着各种感官对自然的触摸。父母只要保证孩子的安全即可，不要过多阻拦孩子。

3.给孩子的运动量，一定是孩子能承受得了的，过犹不及。

4.在孩子运动的过程中，可以适当教给孩子一些知识，但如果孩子不能接受，就适可而止。

第三章

三分教，
教于孩子的敏感期

蒙台梭利说：教育孩子，不是塑造孩子，塑造孩子的任务，是自然之主的事情。我们的教育，应该是观察孩子心理发育的表现，然后为孩子的成长提供必要的帮助。所谓必要的帮助，就是孩子靠自身无法完成的事情。

观察孩子的心理发育极为重要。任何一个孩子，即使刚出生的婴儿，都带着一种神秘的创造本能，带着一种积极的适应潜能。这些能力，在一定的年龄段，会显得格外突出，是一种生机勃勃的本能。而过了这个阶段，孩子的这种本能就会消失。

这个年龄段，就是敏感期。荷兰科学家德弗里斯从动物身上发现了敏感期，之后世界各地的一些教育专家也从幼童身上发现了这种本能。

这种本能在灵光闪现的时候，必须要受到一定的刺激，使其发扬光大，最终发展成孩子的某种能力或者特性。但是如果这种本能遭到了教育的破坏，那么孩子就会变得软弱、产生无力感。

蒙台梭利研究发现，孩童学习语言的方式和成人学习一门外语的方式，完全不同。孩童具有一种惊人的适应性，能很快融入周围的语言环境，并让自己的语言能力在环境中完善起来。

可是成人却需要借助各种外界力量，才能逐渐融入某一种语言环境中，还得通过锻炼记忆，分析词汇的性质等，才能逐渐学会一门语言。

语言的敏感期，在孩童时代。如果错过了孩子的敏感期，那么以后再想发展这种技能，就会变得相当困难。

语言不是教出来的，是用出来的

语言的敏感期相对其他敏感期来说，比较长一些。0~6岁的孩子，都很善于听，也善于模仿学习，这个时候，父母要允许孩子多说。

我以前一直好奇，为什么小孩子学语言那么快，咿呀学语一段时间后，就能发出和我们完全一样的声音，正确理解大部分词汇的意义。直到我研究了孩子的敏感期之后，我才明白，这个阶段，孩子都有一种暂时性的本能，这种本能帮助孩子学会一种生存的技能。

小瑞是一个男孩，却很有女孩的伶牙俐齿。一般来说，女孩的语言敏感期来得更早一些，我家桐桐四个月的时候就会说话了。男孩子一般都要一周岁左右才开始学习说话。但是小瑞说话却很早，七个月的时候就会说话了。

小瑞的妈妈是一位大学老师，她教的是汉语言专业，她本人特别喜欢诗词歌赋，平时说话的时候，兴致一来，诗词歌赋脱口而出。

带小瑞玩的时候，妈妈也会用古代的唱法，把一些诗词唱出来，给小瑞听。每次小瑞都听得如醉如痴，"咯咯"地笑个不停，连口水都流出来了。

妈妈见小瑞如此喜欢，就更多地给他读，给他唱。为了让小瑞能够听清楚，妈妈在读的时候，速度格外慢。

小瑞七个月的时候，就已经会发出一些简单的音节，"妈妈"、"爸爸"等词汇更是很快就熟识起来。

八个月后，妈妈又帮小瑞读了一些古诗，然后就把他放在地摊上，让他爬着玩，自己去收拾房间。

妈妈刚走出房间，就听小瑞在后面大喊着："鹅鹅鹅……"这几个音不是很清晰，但声音却很大，就像蝴蝶破茧而出的那一瞬间，需要很大的力量一样。

妈妈很激动，跑过来问小瑞："再说，再说，再说，鹅鹅鹅……"

小瑞又喊着"鹅鹅鹅"，这回声音清晰多了，后面的发音也没有长长的疲累的喘息声了。妈妈知道，小瑞已经开始学背古诗了。

大约一周半的时候，小瑞就已经跟妈妈学习背三字经了。但他的声音非常模糊，而且还带着一种独特的腔调，不像是背诗，倒像是唱歌。

妈妈很高兴，但从来不强迫小瑞，全凭孩子兴致。孩子一旦表现出厌烦，妈妈就立刻停止。

这是一个非常聪明的妈妈，在孩子本能出现的时候，及时给予孩子需要的东西。

每个孩子，都有不同的语言敏感期，这是由他自身内在机制决定的，同时也会受外界环境的影响。我们可以给孩子制造一个刺激他敏感期爆发的环境，但这个环境必须是自然的，不带任何强迫性质的。

我曾为一个2岁还不能说话的女孩子看过病。我不是医生，对于孩子身体内部的构造完全不懂，但这个孩子的病，我却治好了。

事情是这样的。

这个女孩子家境殷实，光伺候她的保姆，就有两个，一个负责洗衣做饭，一个负责其他事务。

除了这两个保姆，这个女孩子还有六个家人照顾，妈妈、爸爸、爷爷、奶奶、姥姥、姥爷。她几乎是他们六个人唯一的精神寄托。所有的人都把全部精力放在她的身上。

有这么多人照顾，孩子肯定会发育得更好。但是百密一疏，这些人过于保护孩子，根本就不给孩子说话的机会。

比如，吃饭的时候，孩子只要"嗯"一声，保姆立刻会意，给她拿来她喜欢的饭菜，用她最喜欢的勺子。

吃饱了，小家伙嘴只要一努，妈妈马上说："好了，够了，别给太多了。"

　　小家伙小腿一弹，奶奶发现了，又说："孩子肯定要撒尿了。"保姆抱起来，送进卫生间，很快解决问题出来。

　　孩子想说话，可根本就不用费那个劲，所以，慢慢地，她也就不想说了。

　　我发现这个问题后，告诉这个孩子的父亲，我说："如果你现在不给孩子说话的机会，那么孩子可能以后都无法发出完整的声音。"

　　我们都知道破茧而出的蝴蝶，在破茧的时刻，特别艰难，需要费力挣扎，可是如果你帮助这只蝴蝶顺利钻出茧壳，那么它很快就会死去。

　　孩子也一样。

　　在孩子的语言敏感期内，即使发音说话再怎么艰难，他都会乐此不疲，而且会保持足够旺盛的精力。他会不断尝试，不断改变，不断突破。过度帮助孩子，不给孩子尝试的机会，孩子本能的激情就会淡漠，而他学习的快感也会消失。可想而知，他最后会变成什么样。

　　和小瑞妈妈一样，雯雯妈妈也给女儿制造了一个很好的语言环境。孩子还在襁褓中时，她就和女儿不停说话，逗女儿笑。

　　随着女儿慢慢长大，雯雯妈妈还给她放一些录音带，听配乐故事、古诗词等。

　　雯雯妈妈想，这样，孩子肯定早早就能学会说话。她渴望孩子能早点说话，早点告诉她，她的内心世界是什么样的。

　　可是七个月过去了，雯雯不会发音，八个月过去了，雯雯只会嗯嗯啊啊，九个月过去了，雯雯还不会叫"妈妈"，一周岁过了，雯雯还是哼哼唧唧。

　　雯雯妈妈急了，到处找人打听，还带着雯雯到儿童医院检查眼耳鼻喉科，看看孩子到底哪里出现了问题。

　　医生告诉雯雯妈妈：孩子根本就没有什么问题。

　　雯雯妈妈心里还是不踏实，就来问我。

　　我毫不客气地问她："你是不是心有不甘，想着为什么我该做的，都做了，雯雯还是不能表现得很突出？"

雯雯妈妈点点头，说："当然了，我这样想，也没有什么错误啊？"

我说："孩子是大自然赐予我们的，她的内在机制只由自然控制，我们谁都改变不了。她何必想要去改变她的内在机制呢？等等，也许明天，她就会说话了。"

说来凑巧，说这话第二天，雯雯妈妈就给我打电话，她兴奋地说："成老师，您真是神人啊，您说她第二天就能说话，还真是，今天一早就喊我妈妈了。"

我笑了，我不是神人，我只是比她多一份耐心。

有人说，你不是雯雯的父母，你自然无法体会做父母的心焦。可是你想，当等待是唯一的办法时，别人都能够耐心等待，你作为父母，为什么不能？

在敏感期内刺激孩子，会让孩子的学习事半功倍。但当你的孩子敏感期没有出现时，不要强行对孩子灌输，否则于事无补，只能是白费力气。

蒙台梭利曾经把儿童的敏感期，解释成为一种自然的潜力的创作，或者说是一种本能的爆发，就像是动物的本能一样。既然是本能，那就意味着外界不可改变，就像你不能让一只蜂做蚂蚁的事情一样。所以，在孩子的语言敏感期爆发之时，父母为孩子提供必要的学习环境或者学习工具，才是最有效的。

成墨初老师的教育秘籍：

1.孩子的语言敏感期在0~6岁。

2.女孩子的语言敏感期要比男孩子早一些，但也有个别现象。

3.在孩子语言敏感期爆发时，多给孩子说话的机会。

4.如果孩子迟迟没有说话的迹象，那么在确保他的身体机能没有问题时，一定要耐心等待。

立规矩，要趁早更要抓巧

为孩子立规矩，不是枯燥地给孩子讲述道理，申明做事方式，而是在孩子的敏感期爆发的时候，给孩子制造一个恰当的环境，和孩子一起去遵守规矩。

很多家长把立规矩和威信联系在一起，让孩子把自己的话当成命令。一旦人成了规矩的根本，真正的规矩就会被破坏掉。给孩子立规矩的目的，是为了让孩子更快地适应周围的环境，在有一定规律的环境里找到自己的安全感。所以，父母的命令不能成为孩子的规矩。

萧萧十岁了，还是记不住饭前要洗手。有时候饭吃到一半，妈妈忽然发现，萧萧的小脏手伸到了菜碟里，她勃然大怒，厉声呵斥。每当此时，萧萧才笑嘻嘻地跑去洗手。

为了让萧萧养成饭前洗手的习惯，妈妈一到吃饭的时候，就提醒萧萧。她以为，久而久之，萧萧总该记住了吧。可是只要某一次妈妈忘记提醒，萧萧保证就忘记洗手。

妈妈真是气急了，每天都在萧萧耳边唠叨："你怎么就不长记性呢？难道要我提醒你一辈子吗？"

萧萧满不在乎地说："我爸爸现在三十多岁了，还是没有养成这个习惯，我也没见他有什么不好的啊！"

妈妈气结。

别怪萧萧反咬一口，仔细回看这个故事，你就会发现，主要的问题不在萧萧身上，而在妈妈爸爸身上。妈妈唠叨，总是提醒，不给孩子自己记住的机会，爸爸则没有以身作则。

其实，就一个饭前洗手的问题，早在两岁前，就应该让孩子形成习惯。年纪大了再想养成良好的习惯就不容易了。

不同的规矩，有不同的敏感期，但一些关于生活、学习习惯的规矩，一定要在孩子六岁前就立起来。立规矩时，父母要以身作则，当家人都有良好的习惯时，孩子自然不会养成坏习惯。

笑薇两岁的时候，特别喜欢父母带她外出。

那天，妈妈带着笑薇到邻居家做客，笑薇和邻居家的孩子一起玩跳格子。两个孩子玩得特别高兴。

可是天色已晚，笑薇妈妈得回家准备晚饭了，她就站起来向邻居告辞，同时招呼笑薇回家。笑薇一听妈妈说要回家，生气地说："不回，我要和兰兰一起玩。"

兰兰听笑薇这样说，也拉着笑薇的手，不愿意让笑薇走。兰兰的父母顺势对笑薇妈妈说："你就让孩子在这里玩吧，晚上就在这里吃饭了。"

妈妈不愿意让笑薇留下来，就拉下脸来看着笑薇。笑薇一看妈妈那副表情，就哭了起来。兰兰妈赶紧过来解围，说："不要逼孩子回去嘛！她在我这里，你就放心吧，没事的。"

笑薇妈妈解释说："这孩子太闹人，在这里净麻烦你了。还是我带回去吧。"说着就过来拉笑薇。

笑薇赖在地上不走，妈妈生气了，举起巴掌就打在了笑薇的屁股上。笑薇哭得更凶了。妈妈顺势把她搂在怀里，硬生生给抱走了。

回家后，妈妈就郑重告诉笑薇："以后再去别人家，我说走的时候，就一定要乖乖跟我走，否则，我就再也不带你出门。"

我相信，像这样的故事，在很多父母身上都发生过。作为父母，我们想的，可能是不希望孩子表现得很没礼貌，不希望孩子给别人添麻烦，或者不希望把孩子一个人放在陌生的环境中。

这些都不是问题，但其实一个两岁的孩子，能懂得多少呢？这时候，孩子所关注的都是玩。所以，即使你强迫孩子遵守这样的规矩，孩子也会犯规。那么怎么办呢？

在孩子出发之前，就和孩子约定好："妈妈给你充足的玩耍时间，但时间到了之后，你一定要跟着我回家，你遵守你的诺言，我遵守我的诺言。"孩子玩到高兴处，不想走时，可以这样问孩子："玩得不尽兴，是不？要不要下次接着玩？"给孩子一个期望，孩子就愿意听话了。

小鼠上三年级的时候，因为家近，妈妈决定让他自己回家了，并一遍遍嘱咐小鼠："放学之后，立刻回家，不要在路上玩耍。"

小鼠很高兴，第一天放学，一溜小跑就回到了家，连悄悄跟在身后的妈妈的身影都没有看见。一连几天，小鼠都表现很好。妈妈渐渐放下心来。

可是一个月后的某一天，放学的时间已经过了半个小时，小鼠还没有到家。妈妈急了，赶紧出去寻找。可是从学校到家的每一条路都走遍了，也不见小鼠的踪影。

妈妈吓坏了，赶紧给老师打电话，给小鼠同学的家长打电话。一圈电话下来，妈妈终于找到了小鼠。原来一个同学病了，小鼠去给这个同学送作业了。

小鼠妈妈赶紧赶到这个孩子的家，见到小鼠之后，妈妈的眼泪差点掉下来，她一个劲埋怨小鼠："放学后就要按时回家，你说你这么一走，妈妈在家里接不到你，得多担心啊？"

小鼠看到妈妈如此，也感觉很愧疚，他拉着妈妈的手，一个劲给妈妈道歉。他很委屈地说："妈妈，我并没有在路上玩啊，我只是给同学送作业。送完作业，我就回去。"

其实你听小鼠的话，就会明白，他并非有意不遵守规矩，而是他对规矩的理解还不够充分。这时妈妈应该告诉小鼠："放学后，立刻回家，不能在路上玩耍。如果有其他的事情，一定要跟妈妈打招呼，经过妈妈的同意之后，再去做。"

在屡次向孩子说明某个规则之后，孩子可能还会犯错。这并不说明孩子故意不遵守诺言，只是说明孩子没有意识到自己的某些行为是违背规则的。这时，父母需要不断地把规矩完善化、具体化。但在说明的时候不要啰啰唆唉，孩子听明白了就好。

现在的孩子接受的信息多，叛逆早。所以在孩子接受一些坏信息之前，父母就要把良好的信息灌注到孩子的大脑，让孩子形成良好的习惯和遵守规矩的意识。在给孩子立规矩的时候，一定要考虑孩子的接受能力，孩子不懂的规矩不立，孩子不接受的规矩不立。

成墨初老师的教育秘籍：

1.关于生活习惯、学习习惯方面的规矩，要趁早立。在孩子无法进行自我监督时，父母可以帮助孩子。记住，此时不可过分唠叨。

2.关于孩子社会生活方面的规矩，要在孩子3~6岁之间树立。父母要给孩子解释规矩。这个解释要明了、简单，符合孩子的思维习惯。否则，孩子不懂，规矩难立。

3.有些规矩，孩子可能只会考虑到一面，而忽略其他方面。每一次出错，父母都要为孩子把规矩完善一下，使整个规矩立体化，但不要复杂化。

4.给孩子立规矩，父母首先要以身作则。

5.孩子破坏规矩，可以惩罚，但不要采用让孩子难过的惩罚，而要让孩子意识到不遵守规矩就会出现问题。

秩序敏感期，"任性"管不得

0~4岁之间，是秩序感建立的敏感期。这时候，周围的环境一旦发生变化，孩子就会恐惧不安。

你肯定会有这样的记忆，当你把某个东西拿走后，孩子会大哭大叫，直到你把这个东西继续放在原地，孩子才会转悲为喜。这个现象说明，孩子的秩序敏感期爆发了。

桐桐三岁之前，我们出去的时候，都会推着婴儿车，还会给她戴上一个小帽子。三岁之后，桐桐走路越来越稳，我就会抱着她下楼玩。

下楼玩，桐桐是高兴的，可一看到我不推婴儿车，就开始哭。我告诉她，咱们可以不用带婴儿车，但是桐桐哪里理睬，一定要我带，否则，她就不下楼。

有了婴儿车还不行，桐桐还要我带着她的帽子，哪怕是炎热的夏季，她根本就不戴的帽子，也一定要我或者妈妈拿着。否则，就不下楼。

桐桐奶奶说："哎呀，不用管她，就直接下楼得了。她到楼下玩高兴了，哪里还记得车和帽子。"

我想想，总得让她习惯，不是每次下楼都得带上那两样东西的，于是就单抱着她下楼了。谁知，桐桐根本就忘不了，不但走在楼梯上时哭得很伤心，就是到了楼下，她还是止不住哭泣。

我用各种有意思的事情逗她玩，比如，花草昆虫，宠物小狗，或者谁家的车子，可她只是短短地看上几秒钟，就又想起车子和帽子，开始哭起来。

没有办法，我只好再把桐桐抱回来，拿了车和帽子下去。有了车和帽子，桐桐玩得格外踏实。

你一定会说，我们家的孩子就不这样。其实，每个孩子脑子里的秩序都是不同的，这要看他所处的环境，以及孩子当时的思维方式。

一旦孩子有了某种秩序规则，就会表现为对某些东西的强烈依赖，这时候，就不要违背孩子的意愿。要知道，一旦秩序感破坏，孩子就会心理紊乱甚至扭曲。

关于桐桐对车子和帽子依赖的问题，桐桐奶奶一直认为不能惯着孩子，她说："你凡事都依着孩子，孩子将来一定会特别任性。"

尽管她平时很疼孩子，可一旦认为是对桐桐好，她也会特别狠心。她自己带桐桐下楼的时候，从来都不带车子和帽子。

妻子回家一看到桐桐眼睛红红的，就知道她一定又被带到楼下去了，而且没有带她的车子和帽子。

妻子常常会和桐桐奶奶理论。两个人谁也说服不了谁，就来找我评理。

自从我发现车子和帽子是桐桐对周围世界的一种认识后，就不再强迫桐桐了，因此，我就开玩笑地告诉我母亲："这个，可以任由桐桐闹。"

我母亲很生气，说："这是你的孩子，我不管。你现在不好好管，将来吃亏的肯定是你。"

我笑了，说："妈，你放心吧，我知道，我跟你打个赌，桐桐现在是三岁，用不了半年，她就不会再这么胡闹了。"

果不其然，仅仅两个月后，桐桐就不再依赖车子和帽子了。

我母亲笑着说："看见了没有？要不是我那么强硬着带她下楼，她怎么会忘了车子和帽子呢？"

但我知道，桐桐不是不在乎车子和帽子了，而是她的秩序目标已经转移到其他地方了。她现在和家里的桌子椅子较上劲了。我如果把客厅的椅子搬到卧室里，她就会哭着找椅子，直到找到并把它放回原处。

处于秩序敏感期的孩子，可能会表现得特别任性，会为了一些无关紧要的东西发脾气。这时候，不要害怕孩子变得任性而阻止孩子，其实这种任性非常短暂。

有一位幼师曾经告诉过我这样一个故事。

她跟着校车送几个孩子回家。那天，校车走的路线和往常走的路线不同，有一个叫小水的孩子比叫小山的孩子先下了车。按照往常惯例，小山要比小水先下车。

小水下车之后，小山就哭了起来，他一边哭一边回头看后面的路。老师马上问他怎么了。他边哭边说："我要回家。"

老师抱着小山安慰他，说："这是在送你回家哦，你看前面那个小区，不就是你的家吗？"

可是小山根本就不往前看，他只是一个劲地往后看，一边看，一边哭。

车子终于停到了小山家的门前，小山的妈妈正在那里等着。老师抱着小山走出来，小山看见妈妈，哭得更伤心了，一边哭还一边问："妈妈，你怎么在这里？"

妈妈很奇怪，说："这是咱家小区啊，我不在这里在哪里啊？"

老师一下子就明白了，原来这个孩子正处于秩序敏感期。

再送孩子的时候，如果车子改路线，这位老师就会提前告诉孩子。

那么老师提前告诉孩子会不会管用呢？答案是肯定的。提前告诉孩子，使孩子有机会重新整理自己的内心秩序。

如果孩子因为某种秩序改变而哭泣难过，我们得恢复原状，使孩子保持安全感。如果条件不许可，我们就要为孩子重新建立一种秩序，为孩子解释，而且要待在孩子身边，直到他对新秩序产生信赖。

进入秩序敏感期的孩子，会对周围环境的变化格外敏感，这时候，他的思维方式是直观的，他会把他感官所建立的环境秩序作为一种固定模式，在大脑里留存下来，作为以后生活的依据。因此，他无法容忍任何细节的改变。父母一定要尊重孩子的秩序感，帮助孩子维持这种秩序。

成墨初老师的教育秘籍：

1. 孩子一出生，就开始对周围环境进行速记，这是由他内在的秩序感促成的。

2. 处于秩序敏感期的孩子，很快就会发现周围环境的变化。

3. 在孩子处于秩序敏感期时，不要让他周围的环境杂乱无章，否则，孩子将来的心理就会凌乱而没有秩序。

4. 一旦改变环境，先要给孩子说明，如果孩子不懂，那么就要给孩子建立一个和原有环境一样的环境，使孩子产生安全感。比如，把孩子从小床移到大床后，可以在孩子周围围起一个栏杆。

5. 成人和儿童的秩序感不同，不要用成人的秩序感来衡量儿童的秩序感。

6. 儿童的秩序感很奇怪，有时候可能只是一个常见动作的改变，就容易使孩子无措。

7. 当孩子没来由地烦躁、发脾气时，我们要仔细寻找看看哪些秩序发生了改变。幼儿还不会无缘无故发脾气，只有当他感觉到不安时，感觉到自己的生存需要被破坏时，才会发脾气。

有教无育非"早教"

早教的一个关键词，就是智力开发。无论对家长来说，还是对教育机构来说，这都是教育的一个重要目标。可是在这个目标的驱使下，教育开始走向有教无育。

什么叫有教无育？简单说，就是只注重孩子表面上取得的成绩，而不注重孩子的内心发育。越是关注孩子成绩的父母，对孩子的"育"就会越少。其实，0~6岁，不但是孩子智力开发的关键时期，也是孩子心灵发育的关键期。

电视剧《木府风云》里有一个小丫头的性格特别有特点。这个小丫头的名字叫阿照，她虽然聪明伶俐，也有善良的一面，但对权力却有着一种扭曲的欲望。

阿照经常对自己的好姐妹阿勒邱说，她之所以喜欢权力，是因为没有安全感。从小，阿照就是孤儿，流落在街头，受尽了各种折磨和白眼，对社会一直心存恐惧。

我看这个电视剧的时候，对她非常同情。因为在生活中，我也遇到过一个类似的"阿照"。

这个孩子的名字叫小娇，她不是孤儿，相反，她是一个"富二代"。

父母对小娇寄予了厚望，给她提供各种机会，包括塑造形象、积累知识、储备人脉。从小，小娇就是一个忙孩子，连周末，她也不是自由的，必须要跟着父母去拜访一些人。

这些人，都是对小娇的父母事业发展极其重要的人。

当然，小娇有时候也会留在家里，接待一些来她家拜访她父母的人。而这些人，都是一些求助于她父母的人。

小娇看惯了各种人，她认为，社会就是恃强凌弱的。因此，她很早就学会了察言观色，学会了看人下菜碟儿。

到小娇15岁的时候，她认识了一个男孩子，她一下子就喜欢上了这个男孩，可这个孩子是个穷娃。

为了和这个男孩子交朋友，小娇居然把10万块钱直接送到男孩子的家，她高傲地告诉男孩的父母："我用这10万块钱买你儿子的青春。"

其实，论知识、才华，小娇不输于同龄的孩子。可是，小娇被男孩子拒绝了，男孩子不喜欢她的傲气。

小娇觉得特别没有面子，一直找那个男孩的麻烦。

我不知道小娇的父母是否考虑过小娇的幸福，亦或者他们认为，能让小娇幸福的，就是能用手段、金钱、势力掌控周围的世界？

就我看来，小娇照这个态势发展下去，必然会迎来人生的一场大灾难。这就是有教无育的结果。

4～8岁时，孩子会把周围世界和自己联系起来，通过在世界里摆放自己的位置，来感知自己，感知世界。如果这个时候，父母只是忙于教育孩子学知识，而不顾孩子对世界和自我的认识，甚至使孩子产生错误认识，那么孩子的品质就会受到严重的污染。

阿哲是一个艺术家，他一直致力于挖掘儿子磊磊的艺术天赋。

可磊磊13岁的时候，却因为"要强奸一个女孩"，而引起一场轩然大波。磊磊不但被学校开除，还被周围的孩子排斥，很多孩子见到磊磊，就扔石头。这让磊磊躲在房间里一年都不敢出门，最后患上了严重的自闭症。

在家里待着的一年里，磊磊一直想不明白一件事情，那就是女孩为什么不让他给她脱衣服？

磊磊为什么会有这样的想法呢？原来阿哲的工作室里，经常会有一些裸体模特，有男有女。

阿哲3岁的时候，见到一个女性裸体模特坐在沙发上，很奇怪，就问爸爸："她不穿衣服，不觉得羞吗？"

阿哲笑着说："这是艺术。懂吗？你不是喜欢画画吗？过来，你也来画一画这个阿姨的身体吧。"

……

其实那天，所谓阿哲要强奸那个女孩子，不过是想要给那个女孩子作画。阿哲对那个女孩子说："你真美，你要是脱了衣服给我看，我保证我能让你的美永远保存下来。"

悲剧的造成，居然只因一个观念的混淆。

在孩子小的时候，就要给孩子树立正确的是非观，不要用所谓的前卫思想来武装孩子的头脑。很多所谓的前卫，对于成人来说可能有正向意义，但对孩子来说，可能就是灾难。因为孩子的思维很直观、简单，而且一旦形成就会影响终生。

5岁的小菊被爸妈送进了一所"幼儿精英"教育机构。在这里，小菊不光要被启智，还要被灌输"精英"的各项内涵思想，比如"CEO思想""淑女养成计划"等。

我一直很排斥这些所谓的精英教育，尤其是"幼儿教育"，对于孩子来说，他能懂得什么是精英呢？这世界处处都是精彩，如果只给孩子一个"精英"的成长通道，那么对孩子必将是一种折磨。

我和小菊的父母没有多少私交，但小菊的舅舅和我关系很好。他一直反对小菊父母对孩子进行这样的教育。

他邀请我一起劝服小菊的父母。我和他商定好，一方面要收集小菊变化的证据，一方面要找到能让小菊父母信服的教育方式。小菊的舅舅负责前一项任务，我则负责后一项。

小菊的变化太明显了，只几个月的工夫，她就从一个活泼的幼童，变成了一个煞有介事的小公主，就连说话都拿腔拿调的。而且，小丫头特别喜欢对父母的各种行为进行评价。每次评价的内容，都让她的父母大惊失色。

小菊会说："人没有思想怎么能行呢？爸爸，你看你，吃完饭，还要看一会儿电视，不会看一会儿报纸吗？"

或者说："行为决定结果。妈妈，你看你，照镜子能当饭吃吗？有内涵才能当饭吃。"

有时也会说："舅舅，你这么大人了，怎么还甘心默默无闻呢？我要是你，我早就功成名就了！"

话说得相当精彩，但小菊似乎只限于评价别人，对自己，她则是一塌糊涂，没完没了地照镜子，摆pose，装模作样地看书，一小时都翻不了一页。

　　舅舅把小菊的这些变化一一摆在她父母的面前，他说："姐姐，姐夫，其实，你看姐夫很喜欢看书，如果姐夫多陪陪小菊，那么她肯定能学会认真去品读一本书，比她现在上的'淑女课'有用多了。"

　　小菊的爸爸觉得很有道理，为难地说："那我也没有时间教育她啊？"

　　"其实，你不用刻意想要怎样去教育她。我觉得你和我姐无论是从品质方面，还是从创造和维护家庭环境的方面讲，都很优秀。你们有自己独特而优秀的思想。这对小菊来说，足够。"

　　小菊舅舅的这个意见，正是我给他提出来的。我认为：真正的早教阵营，应该是真实而温馨的家庭。优秀的父母，本身就是孩子学习的楷模。

　　小菊的父母仔细考虑了很久，终于接受了我和小菊舅舅的意见。

　　与其给孩子报一个精英班，不如为孩子灌输良好的家庭文化资源。精英班里的教学，常常与实际生活脱节，让孩子成为假大空的牺牲者。而家庭文化资源，则能很自然地烙印在孩子的大脑里。

　　真正的早教，应该在对儿童早期学习方式的了解基础上进行，模仿是他的第一学习方式。父母的品质、所营造的家庭环境氛围，对孩子的耐性、注意力、好奇心、独立性、创新能力等方面，都具有不可忽视的影响。所以，如果你想给孩子真正的"早教"，那么就不要太注重一些表面知识的学习，更不能让孩子过早进入功利的社会现实之中。

　　成墨初老师的教育秘籍：

　　1.早教，不要教孩子过多的知识。

　　2.为了对孩子进行早教，父母需要提高自身的素质。

　　3.早教的重点应是给孩子树立正确的是非观，帮助孩子建立完整而正向的人生观。

开放教育能提高孩子的适应性

开放教育的一个很重要的特点，就是提高学习者的自由度。也就是说，所有的教育，都应以学习者为本。

和孩子一起出门，你是否愿意，让孩子牵引你的脚步？教育孩子，你是否愿意，听从孩子的意愿，而不是跟随自己的经验？大多数父母都做不到这一点。因为孩子是无知的，一定会犯错。我们必须要在孩子的周围形成防护栏，才能阻止他犯错。

小朱就是这样的一位父亲。他很少带自己的儿子出来，偶尔出来玩，他也一定要陪在身边。有意思的是，小朱不愿意让儿子跟其他孩子玩，尤其是爱打架的男孩。如果他发现在人群中有这样的孩子，那他就不会让孩子靠近。

我说他这样是在给孩子制造障碍，他反驳我，还拿我的那句话来作为证据。我的那句话是："在孩子没有接受坏思想之前，父母一定要给他灌输积极正向的思想。"

小朱说："孩子正处在敏感期内，他接受外界思想的能力特别强。举一个简单的例子，他和一个小男孩一起玩，小男孩没来由地向他举了巴掌，那他就会学会用巴掌来控制局面。"

我笑了，说："你这样的想法未免太偏激。的确，孩子在思想未成熟之前，你得给他一些积极正向的思想。但这个积极正向的思想需要孩子自己来验证，光灌输肯定是不行的。"

"把孩子放进群体里验证？"

"没错，你告诉你的儿子，出去不能打架。可是他走到人群里，发现有个孩子居然打架。他就会觉得很奇怪，不理解。可是，很快，他就会发现，不是所有的孩子都这样。他就会明白你说的是对的。"

"那如果我不让他接触这样的孩子，他也会认为我的说法是对的。那么敏感期之后，他就不会再对这种思想产生动摇了。"

"不是，敏感期内，孩子只是记忆和学习，他们的思想并没有最终沉淀。像我们这么大年纪，思想还在不断发生变化，你怎么能阻止得了孩子的思想发生变化呢？我还是觉得你应该把孩子放进一个开放的环境里，如果孩子有不好的思想，你再为之纠正，这样他的观念就牢固了。"

你或许会问：孟母三迁，就是为了给孩子一个好的环境，难道开放教育，需要把孩子扔进染缸里吗？

当然不是，就小朱的问题来说，他不让孩子接触一些有极端行为的孩子，这是非常幼稚的。毕竟，有着极端行为的孩子，他也是成长中的孩子，他对自己的行为尚没有意识形态的认识，只是凭着本能，自发而作。

我们不能把孩子送进染缸里，但是给他一个有点小瑕疵的大环境，让他更广泛而具体地认识社会的形态，以便更好地适应社会，对他的成长还是很有裨益的。

桐桐两岁左右的时候，特喜欢跳舞。看了电视中的芭蕾舞，她就跟着学，自己踮着脚尖，在地上蹿来蹿去。之所以用了"蹿"这个字，实在是因为那舞姿太"不着调"了。

我和妻子忍不住大笑。桐桐倒没有认为我们是在嘲笑，她也笑，笑完之后，还跟着电视跳，还是那样没头没脑地瞎蹦。

看着桐桐这样兴奋的样子，我就和妻子商议，给桐桐报一个芭蕾舞班。

妻子不同意，她说："学跳芭蕾，这是一条很窄的路。让孩子学跳芭蕾，不如让她学习一般的舞蹈，就当健身了。"

我说："可看样子，桐桐好像对芭蕾这种舞蹈更感兴趣，你看她看别的舞蹈，就不会这么激动、兴奋！"

"可我听别人说，练芭蕾，可能会影响孩子的身体发育，还可能会形成八字脚。"

"道听途说吧，有根据吗？这样吧，咱们先给孩子报一个芭蕾班，让她学习一段时间，看看，感觉一下她的热情度再说。你觉得呢？"

妻子同意了我的意见，我们给桐桐报了一个芭蕾舞班。

这么多年过去了，桐桐已经不再学习芭蕾了，但是一说到芭蕾舞，她永远有说不完的话题。看来，她的确喜爱芭蕾。

在孩子的敏感期内，发现孩子的兴趣，跟随孩子的兴趣走，才能让孩子成为学习的主人，并能激发其他方面的学习热情，适应以后进行系统学习的强度。

桐桐读书的热情，在7岁的时候爆发。尽管之前，她也很喜欢读书，但大多三分钟热度，而且喜欢看图片，或记忆一些可以用来和朋友玩的脑筋急转弯或者其他游戏。

7岁后，桐桐经常让我带她去书店，一到书店，她就像高尔基说的，"饥饿的人扑在面包上"，如饥似渴地读各种书籍。

有一段时间，桐桐喜欢上了侦探书。她很胆小，一读到"午夜凶铃"几个字，都会胆战心惊，但她却对几套侦探书格外着迷。

我大致翻阅了一下那些书，内容很是曲折，符合儿童探奇的心理，但我还是担心里面的凶杀对桐桐产生不良影响。

果然，那段时间，桐桐经常会做噩梦。

我于是对桐桐下了禁看令。桐桐很不满，她说："爸爸，我记得你也看过一些垃圾书，你说一是消遣，二是探索为什么这些垃圾书会有市场。你看这些侦探书，特别受欢迎，为什么我就不能看看，消遣也行，探索它的存在理由也行。"

我想了想，说："这样吧，你可以看，但一天内不要用太多的时间看这些书。还有看完之后，你跟我讲讲，好不好？"

桐桐兴奋地答应了。

我之所以会给桐桐这样两条建议，是因为，第一，当孩子一直沉浸在这样的书里时，她的大脑难免会有很多的死亡、凶杀等图像。要知道，此时，孩子的记忆和理解，都是以图像的形式进行的。

第二，当桐桐给我讲解故事的时候，我可以随时发现孩子受到的不良影响，给予纠正。同时，对于那些锻炼思维的好东西，我可以用更多的问题，加深桐桐的印象。

孩子的阅读敏感期，一般在5~9岁。这个时候，孩子可能会没有选择地看各种类型的图书。只要不是危害孩子心灵的图书，我们就可以给孩子选择的机会。

在孩子还没有接受社会的坏思想之前，我们应该给孩子灌输好的思想，提高孩子的免疫力。但这不意味着，我们在孩子的学习敏感期内，就要过度保护孩子，阻隔孩子进入大千世界的机会。孩子还是需要在群体里学习，需要在更广阔的世界里遨游，才能有更宽广的境界，才能把自己的各项所学融会贯通，也才能更好地适应社会，很快在社会中找到自己的位置。

成墨初老师的教育秘籍：

1. 所谓开放教育，就是把孩子放在群体里，让孩子多和其他人接触，有助于孩子更好地认识周围的世界。

2. 当孩子在群体中玩耍、学习时，难免会接受一些消极的思想，这时候父母要能够及时纠正孩子。

3. 在孩子的敏感期内，一定要多给孩子提供学习的资源。因为这个时候，孩子的学习是不需要父母激发的，他自身有着无穷无尽的激情。

4. 跟随孩子的兴趣脚步，不要限制孩子的兴趣探索。

第四章

无为而学：

过早学知识，容易让孩子厌学

　　孩子的学习，一直是广大父母最为关心的问题。可其实孩子每时每刻都在学习，包括玩耍、运动，甚至睡觉。我们不能狭隘地把书本知识的学习，作为孩子唯一的学习目标。

　　很多父母，每天督促孩子做好作业，用尽各种办法提高孩子的成绩，而不愿意让孩子有自我娱乐的时间，不愿意让孩子有接触自然和社会的机会。

　　为什么我们父母会做这样的傻事呢？那是因为我们不太了解孩子的学习方式。孩子对各种知识的学习，是通过融会贯通最后达到理解消化的。

　　孩子，是一个各种感官的结合体，视觉、听觉、味觉、触觉等等，都是他的学习"工具"。

　　学校书本知识的学习，大多侧重于听觉，随着多媒体的发展，也只加入了视觉，而其他的感觉器官，则被弃之不用。这是非常可惜的。

　　所以，在这里奉劝各位父母，不要让孩子过早学知识，那样容易使孩子厌学。只要给孩子一个注重学习的环境，让孩子自己自由吸收，对他的成长有益，也能减轻你的教育负担。

孩子的学习方式你得懂

孩子，说他七窍通灵一点都不夸张。孩子的每一种感官的发育，都伴随着一种学习方式进行。

负责任的父母总是会说："我要给孩子最好的教育，教会孩子各种知识，教会孩子做人的道理。"可是大家往往光知道教，却不知道孩子到底是怎么学的！

我还在上学的时候，有一个师姐，毕业后很快结婚生子。在孩子的满月宴上，师姐信誓旦旦地说："我一定要教好孩子怎么做人。"

很多人都笑她："这么小，你就谈教做人啊！"

师姐很认真地说："社会越发展，经济越繁荣，不会做人的人就越来越难有好的发展。所以，我一定要先教会孩子做人。"

有人问她："你怎么教啊？现在孩子还不会说话，他可能也不会听，你总不能天天在他耳边唠叨，儿呀，你得做个好人，好人有好报啊，好人才有福啊……"

一番话，说得所有人都笑起来。

师姐大概也没有想到这些，她一下子语塞。

这时候，一个老者，大概是师姐的老师之类的人物，他说："嗨，教，是教不出来的，得印，你给孩子印上什么样的基因密码，他就长成什么样。"

话里有玄机，立刻吸引了所有人的目光，大家纷纷问道："怎么印？基因，那是能印的吗？"

那个老人笑了笑说："能印。很多人都觉得基因是天然的，遗传父母基因的孩子，最像父母。但其实，那些染色体的功能是有限的。孩子之所以更像父母，是因为和父母一起生活，父母的行为方式、语言特征，以及营造的家庭环境，那就是对孩子的基因再造。"

我当时还小，对于老者的话不甚了了。但现在我已经知道，在孩子小的时候，他的理解力不够，他就靠视觉来学习，看到什么，就模仿什么。

孩子的学习方式是模仿，所以，父母必须要为孩子做好楷模。同时，多让孩子看一些正面的图像，给孩子灌输正向思想。

我的朋友阿来的父亲，是远近闻名的赌王，赢的时候前呼后拥，输的时候倾家荡产。

阿来从小看多了父亲的无赖样，听多了母亲的心酸经。他暗暗发誓，将来一定要让自己的儿子远离赌博。

阿来结婚后，为了避免父亲给儿子带来恶劣的影响，坚决不让儿子和父亲见面。

阿来儿子七岁的时候，不知道从哪里知道，自己有一个"赌王"祖父，兴奋地要父亲带自己去见爷爷。

阿来大惊失色，他义正辞严地说："我告诉你，我之所以不让你见他，是因为他不是一个好人。你要是跟着他，肯定就会学坏。等你再大一点，我再带你去见他也不迟。"

阿来的儿子马上说："爸爸从小就是跟我爷爷长大的吧？要是学坏的话，爸爸不应该早就学坏了吗？"

阿来无言以对，只好用权威制止儿子。阿来的儿子无法和祖父见面，就自己躲在屋子里研究赌博。阿来偶然进到儿子房间，发现他居然一个人坐在床上，研究扑克的玩法。

阿来大惊失色，他感觉自己的家族好像被什么诅咒了。

阿来的儿子为什么会这样呢？

一些研究神经学的科学家们实验发现，孩子之所以像父母，像祖父母，是因为人的记忆，不留存在大脑，而是留存在所有的细胞内。正因为这样，即使孩子没有见过祖父母，他的某些行为也会像祖父母。

那么阿来的儿子是否注定要成为赌王呢？

当然不是，我觉得阿来七岁的儿子只是对赌博充满了好奇，对从未相见的祖父充满了好奇，这时候，如果阿来一味阻止孩子，那可能会适得其反。因此，我建议阿来可以适当让爷孙两代见见面。

其实阿来的父亲，一生经历那么多事情，他最清楚赌博对于人生的影响。如果不是有特别的目的，他不会怂恿孩子去赌博，反而，他会教给孩子一些好玩的游戏。这正是孩子学习、成长所需要的。

我的猜测没有错。自从阿来的儿子和阿来的父亲见面后，他就不再一个人躲在屋里玩扑克了，相反，他居然让父亲给自己找一些概率、游戏方面的书看，他说要研究。

按照细胞记忆的理论，孩子的细胞存在着非常可怕的学习方向。在孩子充满好奇的时候，这些方向可能会给孩子带来灾难性的后果。但如果父母给孩子机会，适当满足他的好奇心，并给予正确的指导，那么孩子就会利用自己的好奇心，找到有价值的研究方向。

我虽然喜欢听音乐，但几乎是个乐盲。每当桐桐让我给她唱歌的时候，我就会以各种理由逃避。

桐桐很喜欢唱歌，而且自从有了电子琴之后，她就沉浸在玩乐器的快乐中。我和妻子虽然也陪着她玩了一段时间，但弹琴毕竟对我们来说有些难度，因此，我和妻子都慢慢退出了。

但桐桐对电子琴的爱好依然不减。有时候，吃完饭，她也会跑到电子琴前面乱弹两下。

"乱弹"，是我说的，因为听不出旋律。桐桐自己却很是认真，一边弹，还一边唱出来。开始，她的发音根本就不准，但跟着琴一起来，慢慢地，也就好了。

有一次,桐桐又要召开家庭会议,就为了表演她创作的一首"家歌"。会议开始,桐桐坐在电子琴前,开始认真弹奏她自己原创的曲子,小家伙弹得像模像样,曲调出人意料地好听!我和妻子听完之后,大加赞赏。

我问妻子:"你找人教她作曲了吗?"妻子摇头,桐桐说:"这还用教吗?听着别人的,就会了。"

"怎么可能?我和你妈听了那么多歌,现在连音调都唱不准。"我表示不信。

"爸爸,你知道吗?我每次弹琴的时候,我就感觉我的大脑在发生变化,好像跟原来的不一样。我自己脑子里想到一个什么调,我的手就不由自主地想要往某个键上弹。"

"那你弹得对吗?"

"当然,大部分都对,呵呵。"桐桐笑着,但不像玩笑,她笑得很坦诚。

那么孩子弹琴的时候,大脑真的会发生变化吗?

我采访了很多神经学科的专家,他们的答案各不相同,但他们都认为,孩子的听觉、触觉等一起工作的时候,大脑的"互联网"联通状态会非常好。

当孩子的各种感觉器官都被调动起来后,他的大脑就会变得格外聪明,尤其是通过动手得来的经验,会使孩子得出正确的结论,他对这个结论深信不疑,而且还能进行深入思考。

为什么要帮助孩子建立良好的学习习惯,父母首先要了解孩子的学习方式?因为孩子从出生的那一刻起,就是带着强烈的好奇心来的,带着与这个世界融合的心来的。为了踏进社会,他带着各种天然的学习工具,有着让人称奇的学习方式。也就是说,每个孩子,都具有令人称奇的学习能力。但如果我们只是按照自己的意愿,用一些书本知识,强迫孩子学习,可能会破坏孩子的学习方式,损害孩子的学习能力。

成墨初老师的教育秘籍：

1. 在初生婴儿的眼睛里，每一幅图像，都具有学习价值。

2. 在初生婴儿的耳朵里，每一个声音，都具有奇妙的音律。

3. 在初生婴儿的舌头里，每一样东西，都有与众不同的味道。

4. 在初生婴儿的手里，每一样东西，都有着有意思的形状和空间特征。

5. 在初生婴儿的细胞里，已经被灌输进各种学习的动机。

6. 每一个孩子，自从出生的那一刻起，就拥有认识世界、融入世界的狂热的心，这就是他的学习动力。在孩子的敏感期内，孩子的学习动力永远不会枯竭。

7. 但是如果孩子的好奇心一直受到外界的控制，自身的探索欲望被遏制，代替以一些他尚没有兴趣思考的问题，那么孩子的学习欲望就会降低，进而阻碍其学习能力的发展。

游戏，是改变孩子厌学的好方法

游戏，是孩子最喜欢的一种学习方式。一个孩子不喜欢的学习内容，如果以游戏的方式来进行，那么孩子就会自然接受。

"越玩越聪明"这话绝不是简单的口号，它具有现实意义。在孩子有着旺盛的探索欲望的时期，多和孩子做游戏，不但能开拓孩子的思维，还能让孩子很好地理解并记忆一些枯燥而抽象的知识。

桐桐小时候，我给她讲故事，一旦涉及到化学反应方面的知识，我就不知道该怎么给她讲了。

比如，有一次，我给桐桐讲一个电池的故事，我说，电池里面有许多游动的小电子，以后你学化学就知道了，这是电解质。

桐桐就问我，到底什么是电解质？除了电池里面，其他地方有没有电解质？

为了正确回答这个问题，我还特意查找了百科书，并把百科书上的解释拿给桐桐看，但桐桐看得更糊涂。她没有耐心，立刻就把它扔到一边了。

我那时候偏偏又对这个着迷了。我就和桐桐做了一个游戏。

我对着一本书吹气，结果书的封面和书页之间就会出现一个裂缝。我的力气足够大时，还能把封面掀开来。

桐桐觉得好玩，就问："水是不是就像这口气，把一个固体物质吹开。那糖到水里不见了，就是被水吹散了，是不是？"

我点头称是，虽然化学分解远不止这么简单，但我觉得对于还小的桐桐，这样的解释，已经足够了。

复杂的问题，如果能用一个简单的游戏展现出来，那么孩子就会更容易理解。但在把复杂转化成简单的过程中，需要极度契合孩子的思维方式，如果孩子不了解，那可能会使问题复杂化。

百合喜欢唱歌，但是她的家境不容许她给儿子买乐器。她别出心裁，就利用家里的锅碗瓢盆，做击打乐器。

百合的儿子特喜欢和妈妈一起敲打这些东西。在他还没有节奏意识的时候，他对着盆子，往往是一通乱敲，敲完之后，他就笑个不停，兴奋极了。

百合并不阻拦儿子，只是自己很认真地敲打乐器，一边敲，一边听，然后根据其发出声音的高低尖钝为其排序。

找到一组能完成"1234567"全部音节的"乐器"之后，百合就认真摆好，然后让儿子安静，她很细心地轻轻敲响这些乐器。

你可别以为小家伙会过来乱动，当妈妈发出她要敲打这些乐器的示意后，小家伙的确有些蠢蠢欲动，但当听了两个音节之后，他就感到特别着迷，一动不动地坐在那里，认真听。

直到妈妈敲完所有的"乐器"，他才反应过来，马上过来，模仿妈妈的样子，再重新敲一遍。但是由于他的力量不够均匀，敲打那些物品的位置也不精准，发出的声音总是显得杂乱。

但小家伙还不能分辨出差异。他只是敲、听，然后大笑，快乐极了。

因为儿子特别喜欢这个游戏，百合就一直跟儿子做这个游戏。每天，母子俩吃完饭后，就会把需要的锅碗瓢盆放到地上，然后两人各自占据一角，分别找自己需要的音节。

久而久之，百合的儿子自己就能弹奏一组音节了。

假设，百合只是给儿子买来一些乐器，这些乐器都能发出精准的音律，那么孩子的探索兴趣可能就没有这么强，孩子对音节音律的掌握也就没有这么好。

游戏是最好的学习方式。这种游戏越朴实，游戏玩具越接近生活，孩子的游戏兴趣就越高，游戏所发挥的作用也就越大。

桐桐刚上小学的时候，不怎么喜欢数学。可是上三年级的时候，来了一个新老师，这个老师特别喜欢做游戏。

一个简单的乘法运算，他也会让所有的孩子都站在教室中间，然后让几个孩子指挥，把剩下的孩子分成几个矩形方队，然后再根据队形进行乘法解说。

那段时间，桐桐显得特别兴奋，她一回到家，就跟我没完没了地说数学老师的事情，告诉我，数学老师又带他们做了什么游戏。

那年开家长会的时候，我获得一个好消息。桐桐所在班级的数学成绩，一下子就提高了一大截，平均分高达95分。

我想，这和孩子做游戏的学习方式是分不开的。

其实所有的枯燥的知识，都来自于生活。生活本身就是最好的老师，如果我们能把所有的枯燥知识，都以生活的姿态，以游戏的方式展现给孩子，那么孩子又怎么会不喜欢学习呢？

游戏本身，是娱乐，也是探索和思考。著名教育家斯宾塞的快乐教学中，就非常推崇游戏的作用。蒙台梭利，对游戏也非常重视。越是年幼的孩子，对游戏的依赖就越强烈。如果我们能为孩子找到最适合他的游戏，发明最有趣的游戏，并能和孩子一起玩，那不但能促进亲子关系的融合，还能帮助孩子迅速开发智力，可谓一举两得。

成墨初老师的教育秘籍：

1. 和孩子玩游戏，有助于促进亲子关系。

2. 一个能制造快乐的游戏，会提高孩子的参与性。

3. 把一个复杂的问题，用游戏的方式展现出来，会调动孩子学习的积极性和参与性。在游戏中，孩子还能顺利理解并记忆这个复杂的问题。

4. 多和孩子做游戏，还有助于孩子大脑潜能的开发。不过，在和孩子做游戏的时候，不要过于功利性，不要让孩子接触他根本就不懂的游戏。

5. 生活本身就是游戏，父母要随时发现生活中的游戏工具，而不是一定要为孩子买所谓的游戏学习玩具。

6. 父母可以积极发明创造一些游戏玩法。你越能玩，孩子就越喜欢你，你和他都会越来越有创造力。

早入学，是男孩的灾难

男孩的大脑，和女孩的有所不同。在子宫里时，男孩的雄性激素就已经很高，而这会影响男孩大脑的发育，使得男孩在某些方面表现不如女孩。

男孩天生具有破坏的能力，这是由他的雄性激素决定的。男孩大脑里负责语言和听力的区域，发育也比较迟缓；同时，男孩大脑里负责连接两个脑半球的胼胝体，比女孩要小得多。这意味着，男孩不能在同一时间完成两件事。这种种现象都说明，男孩不能早入学。

刚子户口报错了，因此，他五岁的时候就上学了。刚子一直是一个快乐的小男孩，可是自从他上学之后，他的笑容越来越少，最后竟然变得垂头丧气的。

为什么呢？

刚子有几个一直无法理解的问题。第一，为什么上课的时候，学生不能说话，不能做别的事情。第二，老师一直强调，要集中注意力，到底什么是注意力，怎么集中？

老师上课讲的问题，刚子大多数都听不懂，他也不感兴趣。不过，那些书本还是很有意思的，上面有一些还没有画完的图画。上课的时候，刚子就会去完成这些图画。比如，给一个人穿上厚厚的外套，给一个坐着的孩子画一个台阶。

每当刚子这样做的时候，老师就会把他叫到教室的前面，狠狠批评他一顿。刚子很委屈，他拿着自己的画作指给老师看："老师，我没有玩，我在做正经事。"

听了刚子这样的话，你能说刚子是故意捣乱吗？

很多男孩子，刚进入学校的时候，根本就没有故意捣乱的想法，可是他们独特而有趣的行为，不符合学习整齐划一的规定，自然会被规定为异类。

入学，就意味着孩子必须要抹杀一部分个性，甚至抹杀一部分自由学习的方式，而要接受学校统一安排的教育教学。

别说年纪小的男孩，大脑没有发育完全，不理解学校的这种规定；就是正常上学年龄的男孩，此时也还更喜欢自我发现的学习方式，很难静静坐下来，集中精神听课。所以，千万不要让男孩子早入学。

女孩雯雯和男孩水水是一对龙凤胎，他们在同一个家庭成长，在同一个年级同一个班，受同样老师的指导，可是他们之间的差异却非常大。

雯雯是班里的小干部，学习成绩好，组织能力强，纪律意识也很高。而水水呢，学习成绩不值一提，组织能力微乎其微，纪律意识更是完全没有。

让雯雯和水水的妈妈大惑不解的是：两人同时读书，水水到四年级了，读课文还是磕磕绊绊的；而雯雯，已经能一人分饰好几角，将一篇文章读得有声有色。

每次开家长会，雯雯和水水的妈妈都会出现一个幻觉，那就是"一半是海水，一半是火焰"。她常常对着水水感叹：同样是我的孩子，怎么差距就那么大呢？

大脑核磁共振成像显示，男孩和女孩的大脑能力相当，但是女孩在阅读方面要比男孩强一些，在听力和语言方面也是如此。

男孩大脑的语言区域，在6岁时候的发育，只相当于女孩4岁时候的状态。这种差距会随着年龄增长而不断缩小。所以，如果你的儿子一直无法读好书，你也不要着急，耐心等待。

但也有例外，小龙上学也比较早，他却没有出现水水、刚子这样的问题。那么小龙是怎么做到的呢？

小龙的老师是她的妈妈，即使小龙在班上作画、玩耍，她也很少教训他。

这倒不是说，小龙的妈妈偏心，她是一位很特殊的老师。她从来不要求孩子们遵守纪律，也从来不唠叨督促孩子们努力学习。

她上课的时候，经常会让学生分组做游戏。孩子们坐在地上，躺在桌子上，或者站在她身边，怎样的状态都有，显得闹哄哄的。

她呢，自得其乐，不是和这个悄悄耳语两声，就是和那个对着哈哈大笑。

但是如果她需要教室内马上安静下来，她只要双手一拍，所有的孩子都会立刻安静。如果她需要整个班级能整齐划一地行动，那么只要她给所有的孩子讲明行动方式，所有孩子都会认真听从，无一例外。

小龙妈妈的秘诀到底是什么呢？她说，顺着自然性教学，从来不违背孩子各种学习欲望，她不在乎孩子是否静静坐在座位上学习。

她还说，其实整齐划一的整体状态，也是孩子自身的一种需求。当你告诉孩子，我们现在要学习成为一个整体，一旦成为整体，所有的孩子都必须和别的孩子动作一样，你们能做到吗？孩子们学习的欲望被激发，自然会做得很好。

我们做家长的也要如此，不要苛刻地对待男孩。要知道，男孩的成长方式和女孩不同，他可能会喜欢破坏，但是破坏只是他的一种学习方式，他不喜欢纪律，纪律让他感觉失去自我。给他自由，就是给男孩自我学习的机会。

入学早，不光对男孩来说是灾难，对女孩来说也是灾难，因为大脑还没有发育完全的话，他们接受较难的知识会比较困难，这会挫伤孩子的学习积极性。但一般来说，女孩子语言和听力发育较早，而且女孩可以一心多用，所以，女孩很快就会平复这场灾难，能赶上学习进度。但男孩一旦落下，他的雄性激素就会作怪，让他越来越喜欢破坏，而不愿意学习。

成墨初老师的教育秘籍：

1.如果男孩子能在8岁入学，那么他的阅读能力已经发展成熟，这有助于孩子提高学习效率。

2.男孩子心智越成熟，其学习效率越高，对学校、集体纪律的认识也就越充分。

3.雄性激素使男孩子更喜欢破坏，但这种破坏并非故意捣乱，这只是他的一种学习方式。父母不要盲目地试图改变他。

五岁前的孩子需要用实景教育

实景教育，就是用实际生活中的物体作为教学工具。让孩子在生活中学习，有助于孩子深刻理解所学。

为什么五岁前的孩子需要实景教育呢？因为这时候孩子的思维方式是直观的、形象的。而且，直观、形象的思维被铺垫得越好，以后再对孩子进行抽象思维训练时，就会越顺利。

桐桐小时候，一直不敢坐那种滚动的步梯。我不明白她为什么会这样，就抱着她坐了几次，但是一上到电梯上，她就会觉得非常不安，一个劲喊："爸爸，快点，快点。"

我不想抱着她在步梯上走动，就对她说："你看电梯会自己滚动，一会儿就升到楼上了。"

桐桐还是紧紧抓住我的脖子，说："那要是停电了怎么办？这个电梯会不会一下子滑下去？那所有的人不是都要掉下去了？"

我想了半天，才明白，原来她以为没电的话，这种滚动步梯就不再会有梯子出现，而是成一个斜面，那人就会滑下去。

回家后，我用长条纸叠了一个梯状物，然后把两端黏合在一起。我给桐桐演示电梯的运作过程，同时告诉她，电梯的正面，也就是给人乘坐的地方，永远是呈梯状，不会出现那种斜面。

桐桐看了电梯的整个运作状态，这才放下心来，说："那以后我就可以自己坐了。"

我们虽然也是从童年过来的，但不知是不是因为童年已经过于久远，我们都忘了童年时的思维方式了。

当孩子无法理解某种现象的时候，我们有必要把这个现象用更具体的物体表现出来，让孩子更直观地认识和理解，帮助孩子在大脑中完善一些基本概念。

依依上三年级之前，一直是班里的三好生，学习尖子。可是到了三年级之后，依依的数学老师调走了，她的班主任老师临时担任数学老师。

班主任老师很喜欢诗词歌赋，人也特别热情，给学生们讲乘法的时候，像讲诗一样。

他说："你看这加法呢，就像咱们学的古诗里的'鹅鹅鹅'，三只鹅相加得多少啊？"

"三！"孩子们异口同声地说。

"一个孩子'鹅鹅鹅'，叫三声，那么三个孩子都'鹅鹅鹅'，总共要叫几声啊？"

"三声！"几乎所有的孩子都这样喊。

"嗯？不对，怎么会是三声呢，应该是九声才对啊！加法就像孩子们一起捡玉米粒，你捡一个，我捡一个。而这乘法呢，就像是一家人捡玉米粒，孩子捡的少，但是爸妈捡的多，爷爷奶奶捡的更多。"

这个比喻很有问题。依依就纠结了。一遇到乘法的时候，就想着爷爷奶奶的问题，或者爸爸妈妈的问题，结果一个简单的乘法，学了很久，都没有学会。

其实这个班主任的教学有点舍近求远，"鹅鹅鹅"那个做法其实很好。如果他当场让三个学生站起来，每个学生分别叫三声，鹅鹅鹅，那么孩子就能理解为什么是九声。

教五岁以下的孩子，一定要用最简单的话，把这些话通过具体的人或者事表现出来，而且要确保孩子听明白。即使比喻准确恰当，但如果过于复杂，孩子还是会产生困惑。

大概在桐桐4岁的时候，我和她读过一本书，书里有一个词汇，叫"斩钉截铁"。桐桐并没有问我那是什么意思，而是想当然地把它理解成了艰难的意思。

之后，桐桐在另一本书中读到了"斩钉截铁"，是说一个人斩钉截铁地说："就这么定了。"那时候，桐桐还是以为这个词汇是艰难的意思。很显然，那个人之所以斩钉截铁，她理解成是因为做决定很艰难。

偏巧，桐桐拿这个故事来和我分享。为了表示自己学到很多东西，她还特意讲述了"斩钉截铁"这个词汇。

我一听不对，就问她："为什么斩钉截铁是艰难的意思？"

她振振有词地说："你看啊，削个铅笔都那么困难，要是斩个钉，截个铁不是更困难了？"

"有道理啊。但这个词，不是说斩钉截铁有多难，而是说即使这么难，也要这么做。所以，这就是坚定的意思。"

我这样给桐桐解释着，但是解释完之后，我发现这对桐桐的理解可能没多大帮助。因为桐桐脑里的形象，肯定还是斩钉截铁的费劲样。

怎么办呢？

那天晚上，我故意做了一个实验，我拿着一个铁钉和一个铁锤站在桐桐面前，我故意犹豫地看看这、看看那。

桐桐惊讶地看着我，问我在干什么。

我则不吭声。过了好半天，我说："我下定决心了。我要斩钉截铁！"

桐桐恍然大悟，说："哦，对哦，你真斩钉截铁！"

不要笑哦，这以后，桐桐对斩钉截铁这个词汇的意思记得特别清楚，再也没有出过错。

五岁之前的孩子，不管是对词汇的理解，还是对周围世界的理解，都带有一定的想当然性。所以，如果能以实体景象给孩子解释一个抽象的问题，那么孩子以后在理解抽象问题时，就会容易得多。

五岁前对孩子进行实景教育，这是根据孩子的思维方式来说的。其实在孩子的抽象思维尚未建立之前，对孩子多进行实景教育都是好的。甚至可以说，即使孩子已经有了抽象思维的萌芽，也不排斥实景教育。因为人的大脑进行理解和记忆之前，首先要在头脑里形成图像，而实景记忆恰好是一幅特别好的图像。所以，多给孩子一些实景教育永不为过。

成墨初老师的教育秘籍：

1.对于孩子难以理解的知识，可以用实景教育，使其增加认识，便于理解难题。

2.对于孩子理解错了的抽象知识，可以用一个正确的图像予以纠正。

3.在对孩子进行实景教学时，要尽量少用语言，让孩子自己说，自己理解。

"悦"读第一，阅读第二

在培养孩子的阅读能力之前，一定要孩子先喜欢上阅读。兴趣到，动力到，激情到，能力才会提高。

孩子的阅读能力，是学习能力中非常重要的基础部分。在孩子上小学的时候，几乎每个语文老师都会强调让孩子多读书。可是怎么读书才能提高孩子的阅读能力呢？

小月是一个留守儿童，她的父母都在城市里打工，她和姥姥姥爷一起生活。

小月的母亲知道留守对于儿童来说，很容易造成心理阴影。因此，她隔三差五就回家一次，而且每天都会给孩子打个电话。但这并不能解决问题。每次通电话，小月都表现得情绪非常沮丧。

为了让小月快乐起来，母亲在城市里到处找有意思的书。考虑到孩子年纪小，妈妈选的多半是绘本。母亲把这些书都看一遍，在每本书的序言处，都会给小月写上一段话，说明自己看这本书时的心情，希望能和小月在书中相见。

拿到书后的小月特别兴奋，虽然她还认字不多，可是已经开始津津有味地读起来。

遇到不认识的字，小月想要问姥姥，可是姥姥也不识字。没有办法，小月就囫囵吞枣地读，一边读一边看图，一边猜测不认识的字到底是什么意思。开始，小月读书，纯粹是为了缓解对母亲的思念，可是慢慢的，小月发现书里有太多好玩的东西了。她渐渐爱上了阅读。

妈妈再打来电话，她就和妈妈讨论书里的故事。妈妈也是一个喜欢故事的人，她不但喜欢故事，还愿意把小月的故事用另一种方法来讲。

每次，小月刚读到一个故事，正处于兴奋的状态，然后接到妈妈的电话，又从妈妈那里听到另外一个版本，她就特兴奋。挂了电话之后，她还在不停地嘟囔："原来还可以这样！"

小月上一年级的时候，就已经成了一个讲故事的高手。

我相信，在图书的陪伴下，小月的思母之情也会减弱很多。书籍成了母女之间的交流工具，她们再也不会觉得隔得很远了。

陪孩子看故事书，目的并不只是培养孩子的阅读能力，更多的是要开阔孩子的眼界。但选择的故事，一定是要能吸引孩子的。只有吸引孩子的故事，才能引发孩子的阅读兴趣，只有想阅读，才能阅读好。如果父母能在孩子阅读之后与他沟通，就能激发孩子更大的阅读兴趣。

小娟自己读书很少，也不喜欢读书。女儿梅兰上二年级的时候，老师给她下了死命令，一定要多读书，提高阅读能力和写作能力。

小娟没有办法，一个人跑到图书市场，经过销售员的推荐，选了最受孩子欢迎也最经典的故事集回来，如《一千零一夜》《格林童话》《安徒生童话》等。

小娟把书买回来的头一天，梅兰非常喜欢，捧着一本《一千零一夜》读起来。可是刚读了两句，有一个不认识的字出现了，梅兰就过来问妈妈。

妈妈很不耐烦，就说："哎呀，你不会查字典吗？我告诉你，是你读书，又不是我读书。去，查字典去。正好也可以加强你查字典的能力，还能让你多记点字。"

梅兰没有办法，只好自己去查字典。就这样，一遇到不认识的字，梅兰就开始查字典，一篇很短的文章，她要查很多次字典。

不耐烦的时候，梅兰就跳过，可是一跳过，后面就会有很多问题，以至于她读了半天，也没有弄懂这篇文章到底是什么意思。

只有三天的工夫，梅兰就不愿意读书了。

为什么梅兰不愿意读了？因为没有快感！阅读最大的快感就是理解了，明白了。可是不认识字，不理解意思，怎么能理解呢？

还有，查字典，容易让孩子中断阅读，也会让孩子失去阅读快感。你一定会说，孩子只有查字典，才能识字，才能理解啊。

其实，孩子在阅读的过程中猜测，一旦猜测正确，也能让他产生阅读快感。

所以，适量不认识的字，反而能刺激孩子的阅读兴趣。

在培养孩子的阅读能力时，可以适当给孩子选一些有不认识的字的文章，但不要太多。鼓励孩子一口气读下来，久而久之，不认识的字就会越变越少。

和梅兰差不多，小丽也接到了老师多读书的命令。不过小丽已经上四年级了，语文课上老师已经留了很多阅读短篇的作业。小丽的阅读短篇得分最少，常常是一分不得。

为了提高阅读能力，妈妈给小丽买了一些四年级的课外阅读书籍。这些书，每一个短篇后面，都有一些对应的练习题。

妈妈监督小丽，每天都读一篇文章，做一些课后练习。

半年下来，小丽的阅读能力并没有提高，反而害上了厌读症。只要一听到读书，就头疼。

妈妈非常生气，天天骂小丽："你怎么就那么笨呢？读个书都读不好！"

能怨孩子读不好书吗？

不能！本来很好玩的读书，却被加上了那么多任务。孩子老想着后面的任务，哪还有心情读书啊？

阅读，要选孩子喜欢的书。在孩子阅读的时候，不要打搅孩子。在孩子阅读完之后，也不要让孩子回答这样那样的问题。你可以让他给你讲讲书里的故事，但如果孩子不愿意，就不要勉强，否则孩子可能会对阅读产生抗拒。

悦读，就是在心情愉快，毫无负担的情况下读书。所以，要想培养孩子的阅读能力，在选择图书方面，父母要格外慎重，不要给孩子一些佶屈聱牙的，也不要给孩子留什么阅读任务。兴之所至，金石为开。

成墨初老师的教育秘籍：

1.孩子小的时候，就给他一个阅读环境，这个环境里有好书，有爱阅读好书的父母。

2.不要给孩子太多的电子产品，哪怕是电子图书，也不适合孩子。纸质图书，对孩子是最好的选择，它可以让孩子有思考的空间和可能。

3.不要强迫孩子读书。不要刻意规定孩子读书的内容。如果你想，首先要让孩子对你所规定的内容产生兴趣。

4.孩子读书的时候，不要打断他，以免影响孩子的阅读快感。

5.不同的孩子从图书中得到的东西不一样，我们可以和孩子讨论，观察孩子阅读时的思维动态，但不要强迫孩子和你交流。

大方向，小目标

父母需要给孩子制定大的学习方向，更要制定明确的学习目标，适时地引导和鼓励孩子将学习内容化整为零，激发孩子的学习动力，出色地完成学习目标。

一天，我领着桐桐去朋友小张家做客，看到她教导儿子的情景，很受启发。

"晓凯，来，跟妈妈说说，你这个学期打算怎么学习呀，有没有给自己制定学习目标？"

"定什么目标呀？不制定目标，我照样能学好。"晓凯无所谓地答道。

"这可不行，乖儿子，妈妈已经给你留出了玩耍的时间，你也应该按照自己的学习目标，把成绩提上去啊。那你先告诉妈妈，你现在的学习情况，哪一科学得好，哪一科学得不好？"

晓凯歪着小脑袋想了一会儿，说道："数学吧，还可以。英语和语文不太好。""那你有没有想过怎样提高这些科目的成绩？"她问晓凯，晓凯摇了摇头。

看到儿子这样，她语重心长地对晓凯说道："儿子，你这样没有目标，糊里糊涂地学习可不行，效率太低了。你应该给自己制定一些学习目标，这样你才能清楚地知道自己该干什么，要完成什么样的目标。把学习目标完成后，也可以去打球啊。"

"那好吧，妈妈。那咱们一起来探讨一下吧，定什么样的目标比较合适。"晓凯一副小大人样，逗得他妈妈只想笑。

于是，她就和儿子一起制定了一些学习目标。譬如，一周内要阅读多少篇英文文章，需要背诵几篇语文课文，做多少道数学题等等。

没过多久，我又去小张家做客，听她说晓凯最近进步很大，都得到老师的表扬了。孩子特别开心，都乐得蹦起来了。

父母和孩子一起制定学习目标时，应该明确孩子的学习现状，查漏补缺，让孩子在学习目标的指引下，掌握更多的知识。

孩子一旦有了学习目标，就会投入极大的热情和信心为实现这个目标而努力。

一天，一对母子来向我咨询问题。

那位母亲坐下后就开始滔滔不绝地说道："成老师，我的儿子以前学习挺好的，不知道怎么回事，最近成绩一落千丈。我还指着他考上好大学呢，您看怎么办呀？"

"这样呀，您先别急，我先单独跟您儿子谈谈吧。"我试图缓和这位母亲的焦虑情绪。

"小朋友你是怎么样学习的，有没有给自己制定学习目标？"

那个小男孩悄悄地对我说道："成老师，我妈妈给我制定学习目标了，我感觉自己达不到那样的目标。"

"那你怎么不跟妈妈沟通一下，把学习目标降低一些呢？"我询问道。

"成老师，我妈妈可厉害了，我不敢跟她说。她早就给我定下目标，要我以后考清华呢，可是我总感觉力不从心。"又是一位望子成龙的母亲啊。

我把那位母亲叫了过来，对她说道："您的孩子我已经了解了，他没有什么问题，问题主要是在您身上。您给他制定的目标太高了。"

"这不都是为他好啊！这孩子真是不知好歹。"这位母亲似乎有些急躁。

"孩子现在还小，定那么高的目标他一时也完不成，只会让他感到压力太大。我们应该帮他分解一下目标，这样孩子学习才有效率。"

于是我跟那位母亲商量了一下，决定将那个小男孩的学习目标细化到每一天，把每一天的作业量都明确规定出来。

我告诉那位母亲，让她把儿子每天需要背多少单词，朗读几篇课文，学习几道数学题，都详细地写在纸上贴到墙上。

过了一段时间，我在路上碰到那位母亲。她说她的儿子不仅成绩得到了显著提高，而且越来越自信了。

孩子毕竟还小，父母应该帮助孩子将大目标逐渐分解成小目标，使得孩子可以轻松地完成。

每当孩子完成了一个小目标后，就会体验到小小的"成就感"，使他的自信心得到很大提高。

按照制定的学习目标，晓凯确实比较出色地完成了学习任务，也取得了一定的成绩。但是偶尔他也会偷偷小懒，开会儿小差。

有一天，小张下班回到家就发现晓凯没有在学习，而是在打球。

回到家后，小张对晓凯说："晓凯，由于你这段时间总是能出色地完成学习目标，妈妈本来要奖励给你玩具的。"晓凯跳起来就要拿妈妈手里的玩具。

"但是，晓凯今天的表现就不好了，没有完成学习目标就去玩了。"小张故作严肃地说道。

"妈妈，就这一次嘛，下次我一定好好做作业，按时完成学习目标。"说着就来抢玩具。

小张躲过他，说道："为了给你买这个玩具，妈妈可逛了好多地方呢，最后终于让我买到了。"

"是吗，妈妈那么辛苦呀？"晓凯一副小大人状，关心地问道。

"恩，妈妈非常辛苦，但为了晓凯妈妈乐意辛苦。晓凯你一定是怕辛苦吧，居然没有完成学习目标就开始打球了，一点毅力都没有。"小张假装不高兴地对儿子说。

"妈妈，写作业真的好无趣啊。"儿子一脸委屈状。

"妈妈买玩具也挺无趣的，但是妈妈也给你买了呀，而且花了好长时间呢。"

"妈妈你太好了，我知道自己错了。我是男子汉，不怕辛苦，我会坚持到底，把学习目标完成的。"晓凯边说边拍着自己的小胸脯。

当孩子学习有所懈怠时，父母应该时时鼓励孩子坚持到底，完成目标。

孩子学习不自觉时，父母应该以身作则，为孩子做出榜样，促使孩子快速而高效地完成学习任务。

孩子如果没有目标作为指引，学习就像在黑暗里摸索。看不到目标，孩子就不会主动去钻研，学习和成长都会停止不前，逐渐落后于他人。

为孩子制定适宜的学习目标，可以激发孩子的学习兴趣，克服困难，以更加积极的姿态去学习，迎接生活中的挑战。

成墨初老师的教育秘籍：

1.父母帮助孩子制定学习目标时，应该尊重孩子的意愿，放下身段，同孩子商量后再做决定。

2.制定学习目标时，父母应该以孩子的兴趣为出发点，积极引导孩子发挥自己的特长，开发自己的潜能。

3.孩子完成学习目标时，父母可以给孩子一些小小的奖励。

4.父母不要要求孩子必须考多少分，而应以孩子是否进步为标准，理智对待孩子学习目标的完成情况。

学不会，等一等

孩子学不会某种知识有两种原因：一，他不感兴趣；二，他的大脑还没有完善到对这种知识理解的程度。

对于父母来说，最难学的，就是等待。看着孩子跟不上其他孩子的脚步，我们就开始着急，开始给孩子加压，要么就唉声叹气，想要放弃孩子。其实，对于大多数知识来说，只要放一放，等一等，孩子就会慢慢学会。

我有个同学，大学没有考上，读了自考。自考虽然也能拿到学位证书，但很多公司在招员工的时候，对自考学历都会有所限制。

我这个同学开始很沮丧，他父母对他已经不抱任何期望，他自己也不看好自己的前途。自考，完全凭借的就是自学精神。我那个同学为了不让自己在将来输得很惨，很认真地去读了。

那时候，正好互联网在中国逐步发展起来。我那个同学很早就学会了上网。不过他上网可不是为了玩游戏，而是查找一些学习资料。

纯属偶然，他在网上发现了一篇说明数学很有趣的文章。文章把他一直觉得难以理解的几个数学概念解释得非常简单而有趣。

他一下子受到了启发，就开始研读起数学来。让他觉得不可思议的是，如今他学起数学似乎并不像高中时那么费劲，很多问题只要换个角度，马上就迎刃而解了。

一年的时间里，我这个同学的数学成绩得到了突飞猛进的发展。他的老师发现，他居然是一块璞玉，很是惊喜，对他格外青睐，经常给他找一些数学资料看。

我这个同学后来写了一篇论文，老师认真修改后，投到一家权威数学杂志上。没想到，文章很快就发表了。

后来，我这个同学的论文发表道路越来越顺利，名气也越来越大。

他毕业的时候，一所正规大学给他发来了聘请书，希望他能成为他们大学的数学老师。

我们同学知道这个消息之后，都惊呆了。说实话，这个同学在高中时候的数学成绩简直就是一塌糊涂。那时的他天天喊着："为我醍醐灌顶吧！"

我曾经问他："到底是谁为你醍醐灌顶的？"

他笑笑，说："没啥，就是年纪。"

这个结论很让人惊讶，可我班至少有一半的人验证过它。他们都说："上了大学之后，学某些东西的确变得简单多了。"

所以，如果你的孩子现在还无法顺利掌握某项知识，那么等一等，给他一个大脑发育起来的机会。

其实学会某项知识，可能不光需要大脑发育完善，还需要对社会生活很多层面的了解，因为知识都是相通的。在20岁以前，甚至30岁以前，大脑发育程度和生活阅历通常都是提高学习能力的一个重要条件。

桐桐班有个孩子，叫美男，是一个男孩子。美男是一个优点和缺点都非常明显的孩子。他急躁、没有耐性，学习成绩在班上排倒数，但聪明，有很强的悟性。

上初一的时候，美男的叔叔要去新加坡旅游一年，美男受到诱惑，就休学一年，跟着叔叔去新加坡了。

美男回来的时候，桐桐他们已经快要参加期末考试了。老师要求美男重读初一，但美男说什么都不同意，坚持要跟着大家一起上。

结果美男的期末考试成绩特别差。所有的同学，包括老师，都认为美男做了一个错误的决定。

上初二的时候，美男一改往日的浮躁，对学习认真起来。他不光认真完成老师的作业，还在课堂上认真请教老师问题。

对于一个后进生的进步行为，所有的老师都会产生惊喜。因此，几乎每一个老师，都很认真地回答他的问题。

半个学期以后，美男就从后等生升为中等生，到初二期末考试的时候，美男居然已经成了尖子生。

所有的人都不明白，在美男身上到底发生了什么。桐桐自然好奇，就追着问美男，一定要在美男身上找到原因。

美男挠挠头，笑着说："在新加坡的一年里，我什么都不用做，天天吃喝玩乐。可是我发现，很多事情我都看不懂，很多问题我都不明白。我叔叔就说，'谁叫你不读书来着！'那时候我就发誓一定要好好读书。"

"哦，就是书上说的发愤图强！"桐桐逗趣道。

"真的，你这个词说得太好了，我这回真的知道什么是发愤图强了。"

孩子学习不好的时候，你敢让孩子停下来休息一下吗？估计没有多少父母有这样的魄力，本来就已经跟不上了，还要停下来，这不是更要退步了吗？

但事实往往不是这样。

孩子一直生活在书海中，尤其是被迫地生活在书海中，这对他是一种折磨，自然很难让他提高成绩。我们可以适当给孩子放个假，把孩子送进真实生活中，让他感觉到知识很重要。然后再把孩子拉回来学习，这时候孩子会产生一股前所未有的学习激情。

小博很小的时候，特别淘气。一到三年级时，读书读得合班欢乐，作业写得魂不守舍，纪律守得惊心动魄。

到了四年级时，老师看他，在拖车尾乐此不疲，一灰心，就让留了级。谁知这个头一开，小博居然一发不可收拾，一连留了三年，他的一波同学都初中毕业了，他还没有进入初中校园。

所有的老师都对小博失去了信心，他们认为小博就是那种"没读过大学，把小学也给耽误了"的孩子。

但看小博的母亲并不着急。每次开家长会的时候，其他落后生的家长，都是皱眉诉苦，垂头丧气。小博的母亲呢，却抬头挺胸，神采奕奕的。

老师要是点名，让小博的母亲多在小博身上下点功夫，她就微笑着说："不急，不急。不急于一时。"

老师对她这种态度极为不满，但她却坚持己见。

被老师批评多了，小博有时候也会觉得愧疚，可是每次见老妈都不动声色，小博也很奇怪，就问老妈："你会不会因为有我这样的儿子而难过？"

小博的妈妈摇摇头，认真地看着儿子说："为什么？你怎么了？妈妈不管你现在怎么样，都不会对你失望。儿子，人生路长着呢！等你玩累了，再启程飞翔，永远不晚。"

小博听了这话差点哭了，但他一抬头，把眼泪咽下去了，他冲妈妈一笑，说："妈妈，等着我，我一定会成为你的骄傲。"

"好，妈妈相信你。"

你可能已经猜到了结果。

没错，现在的小博，是一名在国际上都很有声望的医生。

前车之鉴，如果你的孩子现在还不是那么优秀，那么请你耐心一点，给他一个慢慢优秀起来的机会，不要为难他，好吗？

孩子成长最需要的，不是父母的教育，而是父母的耐心。只要你相信孩子，那么他即使走得慢，也终会走到某个高点。

成长是一个过程，它包括身体的发育，大脑的成熟，以及思想的成熟。学习同样也是一个过程，它也会随着大脑的发育和思维的发展而改变，而且只要学习的动力在，学习的能力总是无限向上发展。所以，当孩子一时还学不会时，不要强迫孩子，保护孩子的学习动力，激发孩子的学习热情，比强迫孩子继续死学要重要得多。

成墨初老师的教育秘籍：

1.相信孩子现在学不会，将来也能学会。

2.在孩子暂时学不会时，也要用欣赏的眼光看待孩子，不逼迫孩子。

3.如果你想要逼迫孩子一下，也不要用语言，而是用生活让孩子切身体会到，享受生活，需要提高知识的含金量。

不愤不启，不悱不发

只有自主学习，才能带给孩子学习的快感。因此，父母要能引导孩子自己发现问题，自己思考，自己找到答案。只有如此，孩子的思维能力才能发展，其学习能力才能提高。

孔子说：不愤不启，不悱不发。意思是说，教育学生，不到他苦苦思索却仍弄不明白的时候，就不要启发他，不到他想要表达，却张口结舌的时候，就不要引导他。这是我们在辅导孩子学习时应有的态度。但不知道有几个家长能够做到这一点呢？

从桐桐上小学开始，每年老师都会让孩子买一本口算题，作为一项练习作业。其实口算，没有什么技术含量，就是细心认真就可以了。对于一二年级的孩子，口算训练也算是一个很好的方法。

桐桐开始做口算题的时候，经常出错。据桐桐说，他们班不出错的很少，每个学生都或多或少有那么一点问题，不是看多了，就是看少了，要么就是步骤少了。

为了监督学生认真写口算题，桐桐的老师给所有的家长一个任务，那就是孩子做完后，家长要检查、签字。

我不知道桐桐对于她自己的学习任务知道多少，但是对于老师给我的任务，她却记得非常牢固。

放学之后，桐桐用最快的速度把口算题做完了，然后就把作业放到我书房的桌子上，等待我下班之后给她检查。

我问桐桐："你做完之后看过没有？"

桐桐很不满地说："做完之后，检查的任务是你的，干吗要我看。"

我知道，问题出现了。检查作业本来是孩子自己的任务，可是现在老师把它布置给了家长。孩子理所当然地以为，我只要写了，就可以了。他根本就不把检查当回事，做的时候，自然也还是稀里糊涂、马马虎虎。

我问桐桐："如果你现在是在考场上，我还能飞过去，给你检查吗？"

桐桐很明白我的话是什么意思，不过她故意耍赖说："当然啦。"

我严肃地对桐桐说："口算练习，练的不光是你的口算能力，还有你的认真劲，还有你的检查能力。如果你让我检查，那最后提高的是谁的认真劲呢？"

桐桐很不耐烦，不愿意回答我的问题。

我又说："丫头，爸爸肯定还会给你检查，不过在爸爸检查之前，你要自己检查一遍。你要知道，爸爸每天工作那么辛苦，回到家的时候，已经精疲力尽。这时候，我的大脑运转失灵，很可能给你检查错了。"

桐桐不信地看着我，说："不可能。"

"那这样吧，我先检查，我检查之后，你再检查。这样，你还能发现爸爸检查错的地方，岂不是很好？"

桐桐一听，眼睛一亮，点头答应。

就这样，我开始给桐桐检查，我故意在某个错题那里徘徊一下，就过去了。

我检查之后，桐桐开始检查，她显得非常认真，结果很快就发现我没有发现的错误。

看到了吗？如果只是简单对孩子说教，孩子可能很难接受。道理孩子都懂，但只是自己克服不了惰性。但如果你能使用一点小技巧，那么孩子就能乖乖接受你的意见啦。

不是我这人狡猾，实在是因为和孩子沟通交流需要一些艺术。

对于一些枯燥的学习任务，孩子是没有激情的，这就需要父母给点刺激，让孩子发现其中的乐趣，孩子就会自主去学习，完成任务。

夏宇来我家的时候，我发现他和一般孩子有一个非常明显的区别，那就是他特别善于思考，解决问题。

有一次，桐桐拽着我和夏宇准备去附近一个公园玩。桐桐想要骑自行车去，但我家里只有一辆自行车，而且是桐桐的，很小，没有车锁。

如果桐桐骑了自行车，那么，我们三人就不能一起走了。到公园之后，我们之中必须要有一个人推车，那样，就不能尽兴地玩了。

我让夏宇骑车带着桐桐，在公园转一圈就回来，我自己一个人在家看会儿书。桐桐马上提出反对意见，她觉得两个人玩太没有意思。

既然如此，我就提出不让桐桐骑车的要求，但桐桐很顽固，她说："你们两人走着，我一个人慢慢骑，不就好了？"

我们爷俩一下子僵持起来。

夏宇给桐桐使了半天眼色，希望她能屈服，但桐桐始终不理。我呢，一本书正读到高潮处，根本就不想出去，所以，也没有妥协。

夏宇想了一下，说："有了，我记得叔叔曾经说过要做一个家庭活动的摄影。那咱这次去公园，不如就去摄影，怎么样？"

我看了看天，天气非常好，很适合摄影，就点头表示同意。

"那我就不能骑自行车了。"桐桐嘟着嘴说。

"可以啊！你想，公园里的设施，咱们都知道，而且我看你的影集里，都拍过。但是你骑自行车在公园里的照片没有啊！"

"好主意，好主意，好主意，太好了！"桐桐拍手赞叹。

我也很欣赏夏宇的鬼点子，我说："你小子还挺有想法的。"

桐桐说："我知道夏宇哥，就一个人在家，什么事情都得自己想，想得多了，自然就有想法了。"

"你的意思是，我以后要当一个傻子，什么事情都不想。这样，你就得想了？"我问桐桐。

桐桐吐吐舌头，顽皮地一笑。

我没有开玩笑，有一句谚语说得好："父母拙，孩子巧；父母巧，孩子拙。"这句话与我说的不谋而合。

和孩子一起做事，不妨少想一些，让孩子多想，这样，就能锻炼孩子的思考能力。孩子一旦发现自己想的东西能让父母受益，就会特高兴，特有成就感，自然愿意多思考。

我给桐桐讲故事时，喜欢天马行空，想到哪里，就讲到哪里。讲的故事越多，我就越发现我的知识缺陷多，比如，我要是讲一个草原狼的故事，我却不了解草原狼到底是什么样。

桐桐是一个很细心的听者，她总是问："爸爸，你见过草原狼吗？草原狼和动物园里的狼有什么区别？现在的草原上还有狼吗？"

我为了让故事顺利进行，就会对桐桐说："这个，就当做你的任务，明天去查一查。"桐桐满口答应着，没等故事结束，早就把这个任务忘到了脑后。

我总觉得这不是办法，后来就想了个招。每次讲故事的时候，遇到某个问题，就用手机录下来，然后作为我俩的任务。我和桐桐比赛，看谁能把这个任务解决得又快又好。

这样，我们既不耽误讲故事，也不耽误丰富知识。

就我的经验来说，这还真是一个不错的做法，你也可以试一试。如果你平时不怎么给孩子讲故事，那也没有关系。在和孩子沟通的过程中，孩子总是会有很多个为什么，一般的常识性问题，可以简单作答。大部分问题，可以留给孩子自己寻找答案。

如果孩子提出某个问题，你不知道答案，你可以给孩子提供一个寻找答案的方式方法。那么孩子就会尝试着自己去找答案。

很多父母很喜欢被孩子崇拜的感觉，因此愿意在孩子面前做"百科全书"。这样做，对孩子却未必是好的。因为直接给孩子答案，就会使孩子失去探索的兴趣。而自由探索，才是孩子学习能力提高的根本。所以，父母可以在孩子面前装作无知，或者和孩子约定，一起寻找某个答案，这样，就可以刺激孩子的自我学习欲望。

成墨初老师的教育秘籍：

1.孩子是有思维惰性的，尤其是在面对自己不喜欢的问题时，他更喜欢接受现成的答案。这就要求父母一定要能耐得住，不能直接给孩子答案。

2.我们可以不用启发孩子去发现答案，但是平时，却要启发孩子思考。当思考成为惯性，孩子就会主动学习。

3.如果孩子不愿意思考，很快就把他发现的某个问题忘记，那么父母要能找到一个激发孩子思考的方式。

4.不愤不启，不悱不发，是一个很矛盾的结论。如果你平时就注重培养孩子独立思考的能力，那么孩子即使有想不明白的问题，也不愿意主动来找你问答案，他更喜欢自我探索得出结论的快乐。如果孩子达到这种境界，那我们做父母的就成功了。

第五章

一手经验，二手知识；

知识要教，经验要等

　　什么叫一手经验，二手知识？举一个简单的例子，一个摔倒在桌角的幼童，马上就会得出结论：桌角伤人很重，以后一定要多注意，躲着点这些桌角。这就是经验。

　　其实这个经验，在很早以前，他的爸爸妈妈就已经告诉他了。但直到他受伤，他才真正明白爸爸妈妈所说的话的含义。爸爸妈妈告诉他的，是知识。

　　经验，是自己得来的，知识，是别人传授给自己的。当下的孩子，学习的大都是二手知识，很少有一手经验。

　　其实我们前面提到的实景教育，和一手经验就有相似之处。它们同是生活原形，没有任何被包装、抽象化的痕迹。在实景教育的基础上，很能促发孩子进行探索，获得一手经验的热情。

　　一手经验会强化二手知识，使其形象而具体地刻印在孩子的大脑里。不管是生活中的常识，还是课本知识，如果我们希望孩子能彻底掌握，就要给孩子动手实践的机会。

　　一手经验的获得，是比二手知识的学习更艰难的过程。这中间不但会包括辛苦、痛苦、挫折，还可能会包括毁坏、错乱，甚至是灾难。

　　作为父母，我们得知道，什么时候可以伸手，什么时候必须要放手。

　　当孩子不需要我们的时候，哪怕孩子在破坏，哪怕孩子有了痛苦，都不要马上参与，要耐得住，只做一个旁观者。一旦我们参与，那所谓的一手经验，就会变成二手知识，永远隔空与孩子的大脑相望，而不会与孩子的思维合为一体。

停下来，分享孩子的探索经验

成人大多自以为是，忙于教给孩子二手知识。但孩子也有自己的生活法则，他们在不停地探索，获得自己的一手经验。停下来，分享孩子的探索经验，就是在鼓励孩子自我学习。

幼儿把一个小玩具放进了嘴里，你是否害怕不卫生，而强迫孩子把这个玩具从嘴里吐出来？少儿蹲在大树下看着蚂蚁，你是否担心马上就要降临一场大雨，把孩子从树下拽回房中？你想过没有？这样做，表面上是保护了孩子，实际上却是摧毁了孩子的学习动力。

桐桐三岁的时候，有一天我下班回家，她兴奋地朝我喊着"爸爸"。我也很高兴，一把就把她抱起来，举到空中。

桐桐咯咯笑着，等我把她放下来，她就对我说："爸爸，我告诉你一个秘密，我发现的秘密。"

看着她很神秘的样子，我也故意悄声说："什么秘密？好玩吗？"

桐桐使劲点头，然后拉着我走进奶奶的卧室。奶奶的卧室里有一台小电视，就在她床对面的电视柜上。

桐桐让我坐到奶奶的床上，然后她拿起电视柜上的遥控器一按，打开了电视。我诧异地看着她，不知道她到底发现了什么秘密。

只见桐桐走到那台电视后面，然后弓着腰，伸手在那里来回动了动。

我心里一惊，这孩子不会在动电线吧！我刚想到这，就见电视啪嗒一闪，黑屏了。我吓得跳了起来。桐桐已经站起来，笑呵呵地看着我，似乎在问："是不是很有意思？"

说实话，当时我的汗都下来，我第一个反应就是危险。但看到桐桐一点事都没有，站在那里冲着我得意地笑，我又沉静下来，我知道我不能吓唬桐桐。

我走过去，抱起桐桐，说："我的小丫头发现了一个很大的秘密。"

"是啊，你看，它很神秘，它一掉下来，电视的人就走了。"

"能告诉爸爸，你是怎么发现的吗？"我问道。

"可以，有一天，我把布娃娃放在电视柜上，它掉下去了，线就掉了，电视里的人就没了。"

"真是一个大发现哦，这说明，这条线管着电视里的人哦。"我说。

"是啊，我兴奋了好几天，不过我谁都没有告诉，就告诉你了。你也别告诉别人。"

"好，不过，桐桐，爸爸告诉你个更大的秘密，你愿意听吗？"

桐桐点头。

"你知道吗？这条线不喜欢人们常动它，因为它不希望更多人知道这个秘密，否则，它可能会咬人。你以后不要动它，好不好，免得被它咬。"

桐桐很认真地点头。

不过，就在第二天，桐桐还是去动了那条线，而且，那条线还真的"咬"了她。桐桐吓得嚎啕大哭，但她谁也没有告诉，直到我下班之后，告诉了我。她说："爸爸你说得对。"

我或许是个狠心的爸爸，但我知道，危险不大的时候，我可以让桐桐尝试。

孩子看到周围所有的事物，都会感到好奇，都想要尝试。他沉浸在探索的快乐里，不知道危险何在。但如果危险不是很大，父母可以给孩子一些警告，但不必威吓孩子。

我回农村老家，叔叔家的小孙儿4岁的铁蛋一直围在我身边，不肯走。我随手把一个不用的钥匙圈递给铁蛋，让他去玩。

铁蛋很兴奋地接过来，就站在我身边玩起来。叔叔喊他出去玩，他也听不见。我看他对着一个钥匙圈也这么感兴趣，不禁观察起他来。

铁蛋先是翻来覆去地看，看完之后又摸，摸了一遍又一遍，用大拇指、食指、小手指。叔叔看他那个样子，就笑着说："农村孩子就是傻乎乎的，什么都没有见过。"

我连连摇头，说："恰恰相反，这孩子将来肯定大有前途。"

叔叔诧异地看着我。我呢，则笑着继续观察铁蛋。

铁蛋上下左右地摸了一遍之后，开始用小手指在钥匙圈里来回穿梭。

我这个钥匙圈不是简单的铁环，环的外面有一个金属丝缠绕的龙，虽然好看，但是在挂钥匙的时候却极为不方便。所以，我只用了两天就让它退休了。

我仔细看铁蛋的手指，我发现，他在绕着龙的身体在走。但是到某个地方之后，他又忽然让手指翻个身，甚至还可能会转个方向，继续走。

我就问铁蛋："为什么要反转一下？"

铁蛋好半天才回答我说："龙要翻身啊。"

我这才明白，原来，他正在模拟演示龙的飞腾。

又过了好久，铁蛋说："龙要上天才好玩。"说完，他把手指从钥匙圈里抽出来，最后在钥匙圈里转了三圈，然后把钥匙圈一扔，自己做了一个腾身转，跑出房间。

叔叔责怪道："你看这孩子，三分钟热度，玩完了就随手一扔。"说着，给我捡回钥匙圈。

"这孩子从这上面找到宝贝了，他拿走了宝贝，这个钥匙圈自然没有用了。"我一边想着铁蛋的样子，一边说。

"什么宝贝？他拿了你的宝贝，这还了得。不行，我得赶紧让他还给你。"叔叔很紧张。

我连忙说："不是，不是，叔叔，你坐好吧。我是说，这个孩子很聪明，将来肯定会大有前途。"

如果你能够停下来，如果你能够仔细观察你的孩子，那么你就能够发现孩子会从一件很小的物品上，找到他需要的宝贝。

孩子每时每刻都在学习，特别是敏感期内，周围所有的东西，他都会仔细去看，仔细去摸，还会为这个东西编一个故事，并在自己的大脑里设立档案，留存。如果孩子是在探索中，请你不要打扰他。

有一次下班，在我家楼下，我看到一些小孩子紧紧挤在一起，好像商议什么事情。我仔细看了一下，里面还有桐桐。

我就喊了桐桐一声。所有孩子的脑袋齐刷刷朝我看过来，有的眼睛里是惊讶，有的眼睛里是惊吓。桐桐则满心不情愿，她说："爸爸，你赶紧回家吧，别打扰我们。"

我只得一个人走了。

晚上，我们一家人坐在客厅里看电视。桐桐却一个人躲在房间里，还把门插上了。妻子觉得蹊跷，就问我和我母亲，桐桐到底怎么了。我们都摇头表示不知道。

妻子就踮着脚尖走到桐桐门口，把耳朵趴在门上，听里面的动静。我看着她，她脸上的表情相当怪异，一会儿皱着眉头，一会又捂着嘴想要笑，特别好奇。

一会儿，妻子坐过来了，悄声对我和母亲说："桐桐跟同学打电话呢，她说她们最近发现了一个奇怪的现象，那就是总是听见一个莫名其妙的人在喊她的名字。"

"是吗？会不会有坏人啊？"母亲说。

妻子摆摆手，说："不会，我听她说，就是小孩子都有这种幻觉，好像已经有三十个孩子，都出现这种状况了，她在联系更多的孩子。我听她说，如果超过七十个人，那么就要给社科院写信，反映这个情况。"

"胡闹，那就是幻觉。小孩子知道啥，看到别人这么说，就瞎起哄。"母亲在旁边说。

妻子问我："怎么样？参与吗？"

"不用，如果孩子不想成人参与，他们肯定希望自己独立去发现。我们参与，就没意思了。"

母亲说得没错，小孩子的很多探索，可能都是瞎起哄，但是孩子们一起探索一个问题，未必不是一件好事，最起码还能产生脑力风暴。

孩子有自己的世界，不知道为什么，即使再开朗的孩子，他也会对父母保守秘密。这时候我们要记住这样的原则，走不进他的世界，也不要破坏他的世界。

孩子每时每刻都在探索，但很多探索都是幼稚的，在成人看来，甚至是可笑的。可我们不能嘲笑孩子，因为即使看似无聊的探索，孩子都能从中学到很多东西。而且无聊、幼稚本身就是孩童探索的特点。我们只要做个旁观者就好，如果孩子愿意分享，那么我们就和他同乐，如果孩子不愿意分享，我们就让孩子独乐。

成墨初老师的教育秘籍：

1.不要看轻孩子幼稚的探索。

2.重视孩子的悄悄话，这里往往装着孩子的全部心事、全部兴趣、全部感情。

3.如果孩子邀请你去参与他的探索，不管你多么不理解，都要和孩子保持步调一致。

4.在和孩子一起探索时，我们可以表达意见，但一定要给孩子自我思考的机会。

5.一些具有危险性的探索，父母要把危险度限定在一个适当的范围内，然后再给孩子探索的机会。

以结果为本，不如以过程为重

错误的教育方向是以结果为重——只要成功，那么过程怎样都无所谓。正确的教育方向是重视过程——每一步都夯实了，那么即使结果差强人意也没有关系。

孩子的成长本身就是一个过程，谁知道下一秒，孩子会不会有一个翻天覆地的变化。所以，在教育孩子的过程中，我们一定要重过程，而不要过分看重结果。

桐桐三岁的时候，我给她买了一些立体手工图书，就是那种需要折、剪、粘才能制作成一个立体物体的图书。

桐桐特别喜欢，但是那时候她的动手操作能力特别差，刚会拿剪刀，剪东西时总是歪歪斜斜，无法按照直线剪开。粘东西时，把浆糊弄得到处都是，该粘的地方却往往没有粘好。

有时候，她把浆糊弄到了剪刀上，剪刀（塑料剪刀）都打不开，她急了，就嘤嘤哭着喊我帮忙。我不直接帮她，只在旁边告诉她，怎么弄最好。

桐桐虽然生气，但也乖乖按照我的意思去做。

我不在家的时候，桐桐奶奶也会和桐桐一起做这种手工。

有一天，我下班回家，桐桐拿着一个粘折好的立体飞机让我看。我仔细看了一下，发现这个飞机制作得非常精细，折叠、粘连的地方都是恰到好处。

我就问桐桐："奶奶帮你忙了，是不是？"

桐桐连忙解释："就一小点，就一小点。"说完还讨好地冲着我笑。

我没有再和桐桐说什么，我知道，这时候我说什么她都不懂，她只希望自己能做一个美丽的立体折纸，她只希望我能赞美她。

我背着桐桐，跟我母亲交流了一下。我刚说出"让桐桐自己做就好了"，母亲就很不耐烦地说："行了，行了，我知道了，又是你们的教育原则，不让我插手，是不？"

这回换我用讨好的笑容对待我的母亲了。母亲看了我一眼，似乎想要让我放心，但最终她还是忍不住问我："我就不明白了。那你看着桐桐在那哇哇哭，你就忍心不帮她？我是看着桐桐做啥都不顺手，我着急。"

"妈，你总不能帮她一辈子。你现在不帮她，她很快就学会。你要是一直帮她，她就一直学不会啊。"

"她慢慢就会了，你看她什么都懂，就是弄不好罢了。"

"她不会弄，懂有什么用呢？"

我母亲愣了愣，终于瞪了我一眼，不说话了。

从此，桐桐在玩这种立体折纸时，没有人再手把手地帮她了。她为此抱怨了好长时间，但终于还是自己学会了剪、粘、折。

大多数父母认为，只要孩子懂了，不用他亲手操作也可以。这其实是错的。纸上谈兵，远远不如亲自动手得到的记忆深刻，只有提高孩子的动手能力，才能提高他的知识储存量，因为动手能力会促进他自我学习知识的欲望。

学东西总是要有一个失败和摸索的过程。如果我们为了让孩子做得更好就帮助孩子，那么即使事情做好了，孩子也永远都不会自己做。

艺术节又快到了。嘉嘉邀请桐桐一起参加她的演出，那时候桐桐碰巧因为学校有事没有上课，就答应了她的要求。

嘉嘉要和桐桐表演一个相声。两人在网上搜寻很久也没有找到合适的段子。桐桐一生气，就说："咱们自己编好了。"

自己编相声，别说嘉嘉不相信，就是我也心怀疑惑。桐桐上三年级，嘉嘉上六年级。两个人的年纪合起来，还没有进入高中。而且，两人听的相声很少，怎么能写出好段子来呢？

嘉嘉说："让你爸爸来帮我们吧。"桐桐很执拗，坚决不同意，一定要自已写。嘉嘉没有办法，只好硬着头皮，跟着桐桐一起想。

三天过去了，我偷着看了看桐桐放在桌子上的纸，只写了百十来个字。不过仔细一读，这百十个字倒很有意思。

她是这样写的：

甲：努力，永远不如不努力。

乙：为什么呢？

甲：你看努力生长的胡子都什么命运？

乙：被斩草除根了。

甲：没错。

乙：我跟你说，我前两天考试，一个字没写，就交上去了。结果我得了20分。我后座的小丽，认认真真写了90分钟，成绩发下来，得了15分。

甲：这是为什么啊？

乙：我也奇怪啊，后来我对比了小丽的卷子，得出一个结论。

甲：什么结论？

乙：老师给我的是卷面清洁分。

……

为了写好这个段子，桐桐真是费劲心血，查资料，听郭德纲的录音，然后编写。

但艺术节很快就到了，桐桐和嘉嘉只写了很短的一个段子，没有办法，就匆匆上台了。结果出来后，桐桐特别沮丧，因为她们没有入选。

我却不以为然，我把桐桐的这个草稿单页很认真地收起来，还为它装了一个封面。我给它取了名，叫《才华成长瞬间》。

桐桐很喜欢。

选择别人的段子，就是二手知识。而自己写段子，则是一手经验。同样的一句话，作者和读者说出来的感觉就有截然不同的效果。所以，我支持桐桐自己写。

在这个处处都看重成绩的年代，孩子很容易也会以结果为重。但实际上，孩子们为了达到某个结果而拼搏奋斗的过程，才更具智慧和成长性。如果可能，请收集你的孩子成长过程中的点滴，让它作为某个优秀成绩的背景吧。这样，孩子才更能体会努力的过程带来的成就感，在以后的挑战中也更愿意继续努力。

一直到现在，桐桐都为自己的绘画能力不如嘉嘉而难过。她和嘉嘉都跟着一位优秀的国家级美术老师学习，但是她的绘画水平，却一直没有什么进步。

桐桐学了三年，到最后提到绘画，就感觉无法容忍自己。我和妻子都看出，她再学就是勉强自己，于是决定为她停掉绘画课。桐桐沉默了很久，同意了我们的做法。

嘉嘉每次找桐桐玩时，如果嘉嘉说绘画方面的事情，或者在那里画东西，桐桐就会特别难过。

那天，嘉嘉的国画又获得了全国小学生绘画一等奖，桐桐得知这个消息后，抱着我哭了一鼻子。哭完之后，她对我说："爸爸，早知道我不是学绘画的料，就不要花那些钱了。"

我为她擦了擦眼睛，说："小丫头，你现在只是还没有完全领悟，说不定你什么时候就开窍了，会画了。即使你以后不从事绘画，但是你过去的这三年也都不会浪费。因为你这三年学的可不只是绘画，还有很多其他的东西。"

"其他东西？什么东西？"桐桐不哭了，抬头问我。

"很多啊，比如耐心，比如调色，再比如你和嘉嘉的友谊。人生中，我们刻意学的很多东西可能后来都用不上。但这并不表示我们浪费了时间。因为在这个过程中，我们还收获了其他东西。"

爱迪生在寻找灯丝材料时，失败了8000次，但他说："我没有失败，相反，我是在成功。因为我已经知道，这八千个东西都是不能用的。"

人生，当然是每一个行动，都有好结果最好。但是没有好结果的那些行动，就没有任何意义吗？只要你不是虚度光阴，那么任何行为都是有意义的。

孩子因为没有天赋而放弃某项学习后，也要鼓励孩子，告诉他，不是完

123

全没有收获，而且只要他愿意，就永远有机会。

　　成长的过程，充满了坎坷、丑陋、矛盾，精彩、美丽只间或发生在某个点，或某几个点，而不会一贯始终。如果我们看不了成长过程中的丑陋、矛盾，伸手去粉饰孩子的成长，那么我们就是在剥夺孩子进步的机会。

成墨初老师的教育秘籍：

　　1.不要过分看重孩子的成绩，倒是应该重视孩子学习的每一个过程。

　　2.一手经验的结果往往差强人意，二手知识的结果可能更轻松如意。但这个差强人意的一手经验，总是会比轻松如意的二手知识对孩子更有意义。

　　3.不让孩子动手操作，他就永远只会纸上谈兵。纸上谈兵的结果，我不说，你也知道。

　　4.如果孩子努力了但没有成功，那么也要赞赏他，因为他努力过。要告诉他：如果继续努力，那么总有一天，会获得自己想要的结果。

　　5.如果孩子努力做某项事情，结果一直不理想，不得已放弃，那也没有必要沮丧。因为凡是努力，最终都会提升孩子的能力，不在这里，就在那里。

孩子在探索时，别急于告诉孩子答案

现在的孩子大多都是接受学校教育。这使得很多父母都把注意力放在了教科书上，其实孩子的成才路是在自然中。

知识当然很重要，它是前人在认识世界、改造世界过程中的智慧总结，父母让孩子自己进入自然探索，能让孩子更形象地掌握知识。

我们小时候，课外书比较少，很多还是"禁书"（父母老师禁的书），所以，我们只能看课本，这使很多人都认为学习是一件非常痛苦的事情。

小美大概受这种思想毒害很深，虽然魏一的语文老师开过一系列的课外书书单，但是小美总是控制魏一看这些书的时间。小美更关心的是魏一的学业，而课外书是不会反映在学业上的。

那天，小美发现我的妻子居然给桐桐买一些不出名的作者的故事书时，非常惊讶，她说："你家老成不是教育家吗？怎么会允许你拿这些破书给孩子看？"

妻子说："可以说他是破教育家，但不能说这些是破书啊。"

"姐，你们平时真的就给孩子看这些书啊？档次多低啊，为啥要买这些书啊。"

"故事好啊。桐桐特别喜欢。那你平时都给魏一买什么书啊？"

"那一定是和学习有关的，知识类的，科学类的，或者至少也是双语类的，如果是故事书，就一定要买国际获奖作品。"

"啊，就是枯燥的书啊，那孩子太累了。"

"累啥啊，这也是开阔她的视野嘛。"

"其实这些故事书更能开发孩子的想象力，虽然不是名家的作品，但因为不受一些固定思维的限制，很有创新性，有时候比名家的作品还要好些。"

"我不认同。"

妻子还想要和小美辩论，但是小美摆摆手，说："没关系，咱俩一直在教育观上都有分歧。这样吧，咱俩用孩子打个赌，我倒要看看将来魏一和桐桐谁更成功？"

妻子毫不示弱，两人居然像模像样地击掌盟誓。

晚上，妻子就接到了魏一的电话，她难过地说，她决定输掉这场赌博，输给她妈妈看。妻子劝了她很久，但最后她还是哭着挂了电话。

学校里涉及的知识，的确能在孩子的学业中占据很大的位置，但逼着孩子，通过课本知识来获得成功，只能适得其反，还会给孩子增加负担，让孩子对父母产生怨恨心理。

我很喜欢《明朝那些事儿》这本书，读到高兴的地方，还会深刻记忆一下，然后讲给桐桐听。

开始，桐桐一点都不感兴趣，觉得那些皇帝、大臣啊什么的，没啥意思。

后来，有一天，我给他讲皇宫里的事情时，妻子在旁边插话，学太后、皇后和宫女的声音说话，还学着他们的样子。我就学皇帝、大臣们的样子说话、做事。桐桐一下子喜欢上了。

自此以后，我再给桐桐讲枯燥的历史故事时，就会让桐桐扮演一个角色，我会告诉她这个人物的性格特征，然后让她揣摩这个人的说话声音和行为特征。

桐桐特别喜欢这个方法，那段时间一见到我，就让我给她讲一段历史故事。

玩到高兴的时候，桐桐还愿意玩个反串，扮演个皇帝角色，她会别出心裁地为角色设计服装、动作。

为了让自己的角色形象更准确，她还会深入问一些历史问题，甚至有时还会涉及社会问题，比如，封建社会到底是个什么样的社会。

我从来没有拿历史课本，正儿八经地教桐桐，谁是皇帝，几几年坐上皇帝宝座，在位期间，都做过哪些功绩。但就我们扮演过的那些角色中，无论是皇帝大臣，还是皇后宫女，你让桐桐介绍他们的一生，桐桐也能说得头头是道。

让孩子探索知识，可以结合生活中的实践方法，这样，枯燥的知识鲜活起来，丰富起来，孩子会更愿意学，学到的也更多。如果父母能和孩子一起参与实践，还能协调亲子关系。

夏宇越来越懂事了，我和妻子都非常感慨，觉得良好的自然造就的孩子，比任何精心培养的孩子都要好。

但夏宇的爸爸妈妈却不这么认为，因为夏宇就是不想考大学。这对他的父母来说，是一个非常重大的打击，他们不停敲打夏宇，威逼利诱，企图让夏宇改变决定。

可无论爸妈怎么说，夏宇就是不愿意改变自己，他说一切自有主张。夏宇的爸爸就很着急，给我打电话，向我求救。

他说，夏宇特别喜欢研究昆虫，有时候会逃课去庄稼地里找昆虫，趴在那里，一看就是一整天。

我有些不好意思，因为我曾经给夏宇买过法布尔的《昆虫记》，他可能是受这个影响，才喜欢上研究昆虫的。

但我知道夏宇的这种做法并没有什么错误，跟夏宇沟通其实很简单，只是恐怕跟他的父母解释会有些难度。

我想了想，决定还是从夏宇入手，于是，就告诉夏宇的爸爸，我会帮助他劝劝儿子。我没有直接让夏宇接电话，而是决定给他写信。

信很快写好了，其实，我说得很简单，我让他每天要照常上课，课余时间再研究昆虫，而且要把研究结果记下来，寄给我。

大概夏宇收到信后真的按照我的指导去做了，没几天，我就接到他爸爸的电话，他说非常感谢我，夏宇现在每天回到家后都特别认真地学习。

三百六十行，行行出状元，不要以为只有读书考大学才是出路。这样想就限定了孩子的未来。别对孩子喜欢研究的课外知识横加干涉，否则，你可能无意间埋没了一个明日的小天才。

很多成人，因为父母的强迫而不得不放弃了自己最喜欢的事情，埋头读书。大学是考上了，工作也有了，可一切都不过是按部就班，提不起一点兴趣。前车之鉴，我们不能再强迫孩子只专注课本知识，否则，你就准备将来听孩子的埋怨吧。

成墨初老师的教育秘籍：

1.作为父母，要赏识和鼓励孩子的怀疑意识，因为怀疑才能产生真理。让孩子不要轻信别人和书本，要勇于怀疑，在怀疑中发现事物的真实本质。父母应该好好珍惜孩子的怀疑，而不是横加干涉，浇灭孩子怀疑的火种。

2.对于孩子的疑问，若能以此种方式引导，久而久之，由于孩子已习惯于自我思考，所以变成独立性很强的孩子，就理所当然了。

3.寻找答案不仅仅是在书本上，还可以让孩子走出封闭的家门，到社会上、到朋友们中间去寻找答案。

忍耐，不急于纠正孩子的不良选择

大多数父母之所以不愿给孩子自我选择的权利，就是因为害怕孩子做出不良的选择。但其实孩子是他自己世界的中心，他得通过选择来获得自己对周围世界的调配能力的认知。

我一直认为，我们应该尊重孩子的所有选择，包括那些错误的选择。这对于一直把自己当成权威的父母来说，简直就是不能容忍的。

嘻哈的分数线，足够上全国重点之重点的大学，但他最后却选择了一所本地的普通大学。嘻哈没有跟父亲商量，就自己做了决定。

嘻哈的父亲知道后，勃然大怒、暴跳如雷。他立刻打电话把还在外地旅游的嘻哈给叫回来，质问他到底是怎么回事。

他说："你是不是想要气死我？我费了那么多年的心血，为的就是要你出人头地。你现在有机会了，却放弃了，你是哪根筋不对了吗？"

嘻哈笑了，看着父亲，说："这样不是离你很近吗？"

"我要的不是你离我很近。你现在翅膀硬了，你必须要远走高飞，你窝在这里的话，我看着就难受。"

嘻哈说："爸爸，我妈妈刚去世，我就立刻离你远去。你受得了，我也受不了。再说了，大学有寒假暑假，我用这两个假期出去走走，不是也可以增长阅历吗？增长阅历很容易，但是陪你的时间，可能以后会越来越少。"

"那我也不需要你为了我而放弃那么好的前途。"父亲很是心酸，越是心酸，就越强烈地拒绝。

"我不是为了你啊。我是为了我自己。你知道，我孝敬你，我心里是幸福的，我即使去了外地，孤孤单单的，心里还是会牵挂着家，不能踏实学习。所以说，是为了我自己啊。"

嘻哈的父亲泣不成声，他还在反对，但嘻哈却执拗地坚持。

嘻哈的选择，你能说是错的吗？即使你就是嘻哈的父亲，你也不能说他的选择就是错的。从嘻哈的整个人生来考虑，他可能会因为这个选择错过很多，但他得到的那些，却永远比失去的更多，更值得珍惜。

我们考虑得再全面，也可能会落入想当然的陷阱。很多时候，你以为孩子做了一个错误的选择，但对孩子来说，那却是最正确的。其实孩子的每个选择，都是经过慎重思考的，只是他考虑的角度，和你考虑的角度不一样。尊重孩子的选择，就是尊重孩子的人生。

我有一个编剧朋友曾经跟我说过：编剧是一个寂寞的职业，也是一个生活在硝烟中的职业。作为一名编剧，你得和导演斗，和演员斗，还得和制作公司斗。

他的这些经验呢，都是从他的老爸那里得来的。他的老爸是一名小演员，目睹过很多编剧的辛酸史，所以，在他决定做编剧的时候，就这样告诫他。

我朋友奉如锦囊，在和导演、演员沟通的时候，气势十足，可最后却败得非常惨，几乎无处容身。

他想了许久，最后决定，妥协。在妥协之前，他找父亲去喝酒聊天。在聊天的过程中，他把自己的想法告诉父亲。父亲觉得他很不争气，就说："你不能坚持自己，就永远没有自己的位置。"

朋友反唇相讥："我现在根本就没有自己的位置，我坚持也是一场虚空。"

父子俩不欢而散。我这个朋友最后还是坚持了自己的选择。

几年之后，他已经小有名气，成了圈里炙手可热的名编剧。

父子俩再在一起喝酒的时候，父亲高兴地说："臭小子，有你的啊，幸亏当初你没听我的死磕到底。"

他哈哈一笑，说："老爸，你说的话也有道理，我都记在心里呢。只是时代不一样，我遇到的环境和你当年也不一样。我在该妥协的地方，一定妥协，在该坚持的地方，一定坚持。"

他父亲竖起大拇指，说："我知道。不同的，是方式；相同的，是思想。"

我不知道编剧是否需要和人妥协，还是需要更多的坚持，但是我知道，我这个朋友，认真地思考了父亲的意见。

当父母给孩子某个意见时，不要急于让孩子接受。孩子需要一个验证这个意见的过程，只有真正验证这个意见是对的，或者说是适合自己的，他才会全心接受，而且，他的实战经验越是丰富，他对父母意见的整合和提升就越成功。

桐桐是一个喜欢臭美的小女孩，有一年冬天，天冷得特别早。所有的孩子都穿上了羽绒服，但桐桐坚持不穿。

我和妻子都担心她感冒，就苦口婆心地劝她，桐桐的奶奶还威逼利诱。但她无动于衷，她坚持说不行，理由是穿羽绒服活动不开。

我说："你可以脱下羽绒服活动啊。到了教室就可以脱下，教室里有暖气。"

她又说："那大课间怎么办？上大课间的时候，我们必须要拿着所有的东西。"

"大课间是在外面活动，你们的书包不也得放在外面嘛，那就把衣服放在书包上好了。"

但不管我们怎么说，桐桐就是不同意。

我看桐桐坚持自己的意见，也就不再勉强她。之后，我就一直观察她，我想要知道，她为什么突然排斥穿羽绒服了。

一个偶然的机会，我从桐桐的嘴里听到了一件事，有个孩子说桐桐穿上羽绒服就像面包一样。

这其实不是什么诋毁，面包也没有什么不好。但我想，这个词对桐桐的影响可能很大。

为了让桐桐改变自己的决定，我就和妻子演了一个双簧，我们热情地赞颂了冬天的棉花包，大棉被是棉花包，包跟拖鞋是棉花包，还有羽绒服、大手套、帽子都是棉花包。

桐桐一下子就明白了我和妻子的用意。她说："不用这么大费周章了，其实，我已经决定明天就穿羽绒服了。我只是想要冻冻自己，看看我有多禁冻。"

我和妻子不禁面面相觑，我们总是觉得孩子很傻，但其实她可能比我们还聪明。

如果孩子的决定会对自己造成伤害，那我们得想办法阻止，但阻止的方法要巧妙，不要给孩子强迫感。但其实大多数时候，我们在设法阻止孩子的时候，孩子已经从生活中获得了更好的经验。

错误，直接导致失败、挫伤，但有些挫伤和失败，对孩子却是更好的营养剂。而且，孩子们通常都是倔强的，大有不撞南墙不回头之势。父母越是强迫，孩子可能就越不愿意改变。与其如此，倒不如给孩子一个品尝苦果的机会。这样以后你再说什么，他也会更加相信你。

成墨初老师的教育秘籍：

1.允许孩子自己做选择，不要强迫孩子做"正确"的选择。

2.有些错误，孩子知道是错误，但他之所以犯错，是看重了这错误背后的美丽，或者享受。比如，冬天不穿厚衣。

3.犯错带来的受罪和错误背后的美丽之比重，是孩子是否做出改变的原因。所以，如果你想劝服孩子，就用事实说话，不必长篇累牍地唠叨。

4.有些错误，可能会导致危险的结果。这时候，父母要能控制危险的系数，但最好也能让孩子看到一个小的危险结果，以此作为警示。

5.不要过于相信成人的经验，有些成人的经验，可能还不如孩子简单的判断更具智慧和前瞻性。所以，如果孩子为你提供了某个还算合理的理由，不妨接受，等待结果。

打架，也是一种尝试

打架，是孩子之间的一种交流方式；打架，也是孩子对自己力量和位置的一种假定和验证。打架，对孩子的成长，不只有负面，还有正面的意义，所以请重新看待孩子的打架问题。

我们常常对淘气的孩子说：打架的，不是好孩子。可是现在，我却要为打架平反。对于孩子来说，尤其是男孩子，如果一生都没有打过架，那他的心理可能会有这样或者那样的问题。

我之所以得出这个结论，还得从我母亲说起。我母亲有一个好友，是我们同村的一个婶婶。两人交往甚密，有什么东西都互相分享。

有一年，一位亲戚送给母亲一份好吃的东西。母亲刚拿到不久，就拿了一部分，跑过去送给我的婶婶。

那时候，我正在婶婶家里，和哥哥一起玩。我们在院子里玩军事战争的游戏。

我没有看到母亲进来，但母亲出去，我看到了。我不知道母亲过来干吗了，就跑进屋里想要问问婶婶。

房门没有关，只见婶婶端着一个小碗，嘟嘟囔囔地说："真是小气，就这么一点东西还要跑过来一趟。够辛苦的。"

婶婶一抬头看见我，很是尴尬，就说："你可别告诉你妈妈哦。"

我隐隐觉得婶婶是在说我母亲，就问道："这是我妈送来的？你觉得少是吗？"

这时候，正好婶婶家的哥哥也跑进来。他是敌人阵营里的人，他一见到我，马上就举起手，在我肩膀上砍了一下，说："我打死你了，你们又少了一个人。"

我很生气，不由分说，就打了哥哥一拳。哥哥没有防备，一下子就被我打倒在地。哥哥恼羞成怒，站起来就和我扭在了一起。

婶婶一看吓坏了，赶紧放下碗，过来拉架，一边拉架一边还对我说："你别生气了。都是婶婶错了，别生气了。"

哥哥不明所以，他很气愤地说："他先打我，怎么是你错了？你怎么错了？"

哥哥说着，还作势要打我。婶婶用力拉住了他，说："你不知道，这事，就是我错了。"

婶婶这样说，我的气马上就消了，也向哥哥和婶婶道歉。哥哥不吭声了，默许了和解。

一会儿，我和哥哥又玩起来了，我们完全忘了那件事。

晚上我回家的时候，母亲看着我，假装生气地说："你今天打架了？"

我正要辩解，她举起一件衣服，说："我不是骂你。不过以后，不要和哥哥打架了。我和你婶婶是好朋友。"

"好朋友她还在背后说你？"我不服气。

"她过来跟我道歉了，她原来不知道那碗东西很珍贵啊，说那些话也是难免。再说了，你看，这件衣服，就是她给你做的。"

"哼，一件衣服就收买你了。"

"不是，衣服是次要的，她特意跑过来，道歉，送衣服，是表示很看重我。我听说，她也给你道歉了。你是一个小孩子，她能给你道歉，这多不容易啊。"

"你们大人好复杂。我和我哥哥就没有这么多事。"

"你们不是也打了一架？打完就好了。那我们也可以打一架，打完之后就好了。"

"我知道了，这就是不打不相识。是不？"

很多友谊，就是打出来的。这个说法，你同意吧？

成人也有打架的时候，更别说孩子了。其实打架，不光是一种情绪的宣泄，还是一种解决问题的方式。虽然这种方式不怎么高明，但孩子们之间往往会用这种不高明的方式。

孩子之间的打架，会是直接的，坦诚的，他们一边扭打，一边说明自己打架的原因。因为是直接沟通，所以中间的误会很快就会解除。而且，打一顿架，情绪宣泄完了，问题往往也解决了。

桐桐和嘉嘉是好友，但她们也常打架。桐桐刚从绘画班退学的时候，她的情绪极度低落，她看嘉嘉，几乎怎么看怎么不顺眼。

嘉嘉毕竟年长几岁，很快就看出端倪，她对桐桐说："你要是不喜欢我来，就告诉我，别对我不冷不热的，行吗？"

桐桐嘴硬，说："我怎么不冷不热了？你总不能让我一直笑吧。嘿嘿嘿，好，我给你笑一个。"桐桐一边说，一边皮笑肉不笑。

嘉嘉不好再说什么，就沉默了。不过从那以后，却明显减少了来我家的次数。

嘉嘉不来，桐桐感觉特别寂寞，总是跟我说："嘉嘉怎么不来呢？不知道在家里干什么呢？"

我说："那你可以给她打电话啊，邀请她过来玩啊。"

桐桐就不吭声了，我知道她心里还是拗不过那个劲来。

又过了一段时间，桐桐又说："嘉嘉真不够朋友，这么长时间，连个电话都没有。她是不是不想跟我做朋友了？"

我说："嘉嘉不是不想打电话，是不敢给你打电话。你想，她要是给你打电话，说过来和你玩，可正碰上你心情不好，你又给她脸色看，怎么办？"

桐桐不好意思地说："我又不是给她脸色看，我是给我自己脸色看啊，我自己画不好，看着她画得那么好，心里难过嘛。"

"我知道，可是嘉嘉不知道啊。桐桐，爸爸问你，你想不想和嘉嘉重归于好？"

"当然了。"

我只是看看电话，拍拍桐桐的肩膀。

桐桐犹豫了好长时间，最终还是拿起了话筒。大概就是两个寒暄的问句之后，桐桐就开怀大笑，然后就是一顿胡侃神聊。聊到最后，还不过瘾，一定要嘉嘉马上来家里玩。

大概十几分钟后，我家的门铃就响了。桐桐夸张地尖声叫着，一路飞奔过去开门。

你看，孩子吵架，通常都是悲剧开头，喜剧结尾。

不要担心孩子之间吵架会影响友谊。孩子心无芥蒂，他们的矛盾，来得快，去得也快。而且，吵架之后的分离，反而是孩子进行自我反省的最佳机会。

夏宇上高中的时候，认识了一个社会上的朋友，年纪和夏宇一般大，生日较夏宇要小一些。

桐桐一听说夏宇交了一个社会朋友，又兴奋又担心，她说："你得小心，社会上的人，毕竟没有咱们单纯。"

夏宇说："放心吧，我们是打架认识的，他崇拜我，不会害我。"

"那你的意思是说，你打败了他，就像电视里的大侠那样？看不出来，你居然还很会打架。到底是咋回事，你跟我说说。"

夏宇开始给桐桐讲述他和那个社会朋友之间的故事。

一个晚上，夏宇在一个包子铺门口买包子。他刚掏出一张二十元的钞票，就见身边忽然蹿出一个身影，以迅雷不及掩耳之势，抢过夏宇手里的钞票，飞一样跑走了。

二十元钱对于夏宇来说，数额不小。因此一见有人抢钱，他哪里肯让，撒腿就追。

那个孩子一见夏宇过来追，回身亮了一下怀里的匕首，然后说："你要是敢追，我就废了你。"

夏宇毫不示弱，他说："你要是敢废了我，我就佩服你。"一边说，一边继续拼命追。

眼看两个人的距离越来越小，那个人忽然停下来，拿着明晃晃的匕首，朝着夏宇来回晃。夏宇停下来，看着小偷，一边看，他还一边朝小偷移动脚步。

那个孩子看夏宇穷追不舍，也有些害怕，就说："你不会为了二十元钱，搭上自己的一条命吧。"

夏宇笑了说："我是一条命，你也是一条命，为了二十元钱，搭上谁的命都不值。我跟你说，我练过功夫，否则我也不会紧追不放了。你现在呢，要是乖乖投降，我就当你是个朋友，不会让你为难。"

那个孩子哪里肯听，他提着刀真的冲了过来，不过他只是用刀背朝着夏宇。夏宇只三下两下，就把那个孩子制服了。那个孩子连连求饶。

夏宇说："你知道我为什么追你吗？我追的不是我的钱，我追的是你的人。看样子，你和我年纪差不多。这么小，还应该在学校里，为什么要跑出来做小偷？"

那个孩子嘟囔着说："我爸打我，我一生气，就离家出走了。"

"你既然有勇气离家出走，为什么不能活得漂漂亮亮的？"

那个孩子对夏宇极为佩服，就对他说："大哥，从今天以后，我就是你的小弟，你让我干什么，我就干什么。"

夏宇可不想让这个孩子成为他的"小弟"，他希望他成为他的朋友。

在夏宇的劝说下，那个孩子最终回到他父母的身边，并重新开始了求学生涯。那个孩子选择的学校，恰恰是夏宇所在的学校。

打架在一般人看来可能很危险，但不管是对夏宇，还是对那个孩子来说，都具有极特别的意义。

进入青春期后的孩子，特别是男孩子，雄性激素又迎来了一个新的发展高潮。这时候，他们通常会用打架来寻找自己的位置，来掩饰自己的迷茫。所以，不必大惊小怪。

孩子打架不见得都是势强凌弱，家长除了制止之外，千万不要忘记跟孩子沟通，找出原因，这才是最重要的。

成墨初老师的教育秘籍：

1.孩子打架，父母首先要弄清孩子打架的动机，然后再决定是否劝架，如何劝架，如何教育引导孩子。

2.处理孩子的打架问题，父母一定要保持平静的心态，这样孩子才可能把自己打架的理由表达充分。

3.当孩子只是为发泄情绪时，父母可能无法阻拦孩子打架。但是在孩子打完架之后，一定要给孩子上一堂情绪课，让孩子学会不用自己的情绪来伤害别人。

4.孩子之间打架，父母不要加入，否则会把简单的问题弄复杂。

给孩子一个破坏的天空

孩子对世界很陌生，他没有规则意识，只有探索欲望。在探索的过程中，他需要一定的心理自由。如果父母总是限制孩子的探索，并将之定性为破坏，那么就会毁掉孩子的创造力。

成人经历世俗的磨砺，已经形成固式思维，我们把这叫做规则。一旦孩子破坏某种规则，成人就会勃然大怒，对孩子严加斥责。但其实大部分规则都是思想僵化的表现。抛开固式思维，我们可以和孩子一起，迎来创造力成长的新高峰。

有一段时间，妻子因为工作压力特别大，经常失眠，她不得不每天早早上床，静静地等待睡眠的来临。

我、桐桐和我母亲，都得遵守妻子的作息习惯，否则，就可能会引起轩然大波。好在大家都有共识，都能理解妻子的脆弱。但纵是如此，妻子还是会经常发火。

桐桐是一个爱玩的小丫头。别人都是放学马上回家，但她一定要在小区里玩一会儿，或者到同学家玩一玩，才能安心回家写作业。

那天，桐桐放学后给妻子打电话，说要去同学家玩一会儿。妻子一接到电话就火了，说："不行，你得赶紧回来。"

桐桐还没有受过这样的拒绝，自然很恼火，很生气地嚷道："凭什么？"

妻子说："凭我是你妈。赶紧回来，否则，我会取消你所有的玩耍机会。"

"那好吧，你取消吧，我今天一定要玩个通宵，我明天不上学了。"桐桐说完，就挂了电话。

这下子，妻子火冒三丈，马上回拨过去。电话通了，却不是桐桐，而是一个商店的老板。这个商店的老板告诉妻子，桐桐已经和几个孩子一起走了。

等我下班回家，发现家里空无一人，桐桐、妻子和我母亲都不在。我给妻子打电话，她和我母亲正在找桐桐，我也跟他们一起找，大约半个小时后，我们找到了桐桐。

回到家后，妻子一言不发，只是恶狠狠地盯着桐桐，桐桐有恃无恐地看着她，很有挑衅的意味。

时间已经很晚了，我赶紧让桐桐去洗漱睡觉。桐桐睡下后，妻子还气鼓鼓地坐在那里，她拍着桌子说："这不是故意和我过不去吗？明知道我睡不好，她偏偏要给我找茬。看我今晚还能睡好吗？"

我一听，顿悟道："我还一直奇怪你为啥不让桐桐出去玩。原来你只是担心她回来晚，推迟你的睡眠时间，影响你的睡眠。是不？"

"我有那么自私吗？她老是去别人家玩，人家会不会嫌她烦啊？再说了，作业都不好好做，就知道玩。这怎么得了啊？"

"我不是说你自私，我是说，如果没有睡不好这个事，你就不会对桐桐限制那么多，桐桐也就不会故意和你作对。"

妻子若有所思。

孩子们破坏的，只是父母头脑中的秩序，这个秩序能为我们营造生活的安全感，因此，我们无法容忍孩子去破坏。比如，刚收拾好的家，被孩子弄得乱七八糟。

如果孩子只是破坏了成人心中的安全感，那么应该检讨的是我们自己。其实只要改变思维意识，成人借由秩序建立的的安全感，是可以改变的。

我家的水龙头坏了，不停漏水。我就又买了个新的，准备换上。桐桐那时候已经上初中了，她自告奋勇，要换水龙头。我自然乐得清闲，就把水龙头给了她。

一会儿，我从房间里出来，发现桐桐还在水龙头那里，吭哧着使劲。我就走过去，问道："这么难吗？是不是锈住了，来，给爸爸吧。"

桐桐一听，马上护住水龙头，说："不难，我已经快弄好了。弄好之后，你再过来。"

我笑着走开了。

一会儿，桐桐大声喊我，说是弄好了。我就走过去查看。让我大跌眼镜的是，旧水龙头还安稳地留在水管上，而且还在不停滴水，新水龙头则寂寞地躺在桌子上。

我疑惑地看着桐桐，桐桐伸手在旧水龙头上拧了两下，水龙头的嘴歪到了一边，但是水却不漏了。

她得意地说："怎么样？我替你修好水龙头了。厉害吧。"

"太棒了。你是怎么修好的？"

"很简单啊，水龙头里面的螺纹有个地方不紧密啊，我把水龙头的帽子卸下来，在它的帽子上做了手脚。"

"你居然会做？"

"不瞒你说，我等这一天，等了好多年了。你看我收集的废水龙头，你就知道我研究得有多辛苦了。"

桐桐说完，从桌子底下拖出一个大纸盒子，那里躺着很多丢胳膊少腿受伤严重的水龙头。那些伤痕，大概就是桐桐的杰作。

我对桐桐大加赞赏。

谁说破坏不好？历史发展到一定阶段，还有一次大洗牌。为什么我们就不允许孩子为他的大脑洗牌，为我们的大脑洗牌？

你永远无法估量孩子每次破坏的建设意义。那些越是能破坏的孩子，某种意义上讲，对周围世界的理解就更加深刻，他的创造力也必然非同凡响。

母亲刚从农村搬过来的时候，非常不适应在楼群里生活。为了解她的乡土之情，我特意在阳台上开辟了一角，买了一些种植土壤，让母亲在那里种一些小菜。

母亲很高兴，还特意回到农村老家，四处搜寻一种西红柿的种子。回来之后，她就开始在那片土壤上耕耘。

桐桐那时候只有三岁，看到奶奶在那里忙来忙去，她如何耐得住，就跑过来学奶奶的样子，刨坑，放种子。

母亲种好种子之后，特意在每一个种子坑上踩几脚。桐桐明白了，马上也跳上去，在上面踩一踩。

第二天，我下班回家，只见母亲正垂头丧气地坐在那里，桐桐则愧疚地看着她，眼圈里似乎还有泪水。

我不明所以，就问母亲。母亲叹了一口气说："你那小丫头，把我种的西红柿全都刨出来了。"

我跑到阳台上去看，果然，那片土壤一片狼藉，除了凌乱的小脚丫印，还有一些大大小小的坑儿。我不禁笑了，问桐桐："你为啥要到这里刨土？"

桐桐说："我想看看，小苗在土里是怎样拱的，我要帮它。"

母亲说："都是你那些图画书闹的，桐桐刨的时候，我都不知道。她刨完了，跑过去问我：'奶奶，怎么我没有听到小苗说话，也没有见到小苗在家？'你说说。"

母亲说完，也笑了。

这一批西红柿肯定没有希望成活了，不过这个道理，桐桐也懂了！

孩子之所以不按规矩出牌，是因为他不知道规矩，就像桐桐不知道生命的生存规律一样。如果我们的规则是正确的，那么在孩子破坏之后，他必然了解了规矩，而且也对规矩深信不疑。

允许孩子破坏，就是帮助孩子在建设。孩子的世界，每一砖每一瓦，可能都是经由对周围世界的破坏得来的。有些破坏，是探索，是创造；有些破坏，则是感知，是理解。所以，我们应该开明一些，给孩子一片破坏的天空，让孩子自由、完整地构建起他自己的世界。

成墨初老师的教育秘籍：

1.当孩子违背了你的规则时，不要急于批评孩子，想想，孩子的这种破坏，是否只是打乱了你自己的有序。

2.成人习惯于在一个舒适圈里生活，而孩子不会，孩子更喜欢到充满危险的地方去。这也正是孩子的创造力高于父母的原因。所以，不要阻止孩子破坏。

3.对于正确规则的破坏，父母要有忍耐的限度，给孩子感知自己错误的时间，让他重新构建同样的规则。

第六章

孩子的错误、缺点，
要看得、忍得、等得

从孩子出生开始，我们父母就一边拿着一个灌输机，一刻不停地为孩子灌输知识、思想；一边又拿着一个砍柴刀，修修改改，力图让孩子趋于完美。

但你想过没有，形式上的完美，总会给人一种沉闷、虚假，和无力感。一遇风吹草动，最先倒坍的，往往是最典型的完美。

孩子的成长同样如此，如果我们按照自己的人生经验来塑造完美的孩子，那么我们最终塑造出来的，可能只是一个空壳，甚至可能一无是处。

其实，孩子本身有多彩的塑造力，但这个塑造力，必须要经历犯错、修正、完善。即使如此，还是有诸多无法完善的"漏洞"。

但也正因为这些"漏洞"的存在，才更能激励孩子的塑造力，让孩子有一个真实而明确的奋斗方向。

我们要用宽容的态度，对待孩子的错误、瑕疵。这不是不负责任，恰恰相反，是最大的负责。因为我们的忍耐，为孩子提供了自我纠正和完善的机会。而且，我们的宽容，还能保护孩子的自信，保护孩子的自我更生力量。

见错就管，日后纠结

见错就纠，是在犯错，因为每一次纠错，都会损伤孩子的自信，甚至自尊，让孩子产生无力感。

你是那种常常跟在孩子左右，一边走一边告诫"不要这样，不要那样"的父母吗？你知道这样做，对孩子的思维形成有什么不好的影响吗？

我大学有个女同学，是属于那种追求完美的类型，对孩子的要求也格外多。就同学聚会那么短短的几个小时内，我就不止一次听到她在那里喊道：

"宝宝，不要往那边跑，那边很危险，有台阶，会摔倒的。"

"宝宝，不要动那个音响，那不是用手来玩的，是用耳朵来听的。"

"宝宝，跟叔叔阿姨不能这样说话，那样显得多没有礼貌。"

……

我同学的孩子很活泼，的确给正常聚会制造了混乱，但这些小闹剧反而增加了聚会的娱乐点。

可是我那个同学却一直皱着眉头，说："早知道，就不该带孩子来，这孩子，不带他出来不知道，一带他出来，怎么发现这么多缺点呢？"

尽管周围的同学都劝说她，不要用纠错的眼光看孩子，她却只是笑笑，还是跟在孩子身后，不停地说："宝宝，不要这样……宝宝，那个不行……"

这个三岁的小宝宝后来变得特别烦躁，一直带着哭腔推妈妈。

我这个同学说："你是想走了吗？再等会，马上咱们就可以走了。"

孩子立刻大哭起来，一边哭，还一边更用力地推妈妈。我同学见孩子如此，就跟大家道歉，然后抱着孩子走了。可是孩子走的时候，小手却一直朝我们聚会的方向伸着。

假设,你走进鲜花遍开的人间仙境,正陶醉其中,忽然有人嚷道:"不要站在那里,那里危险。"会有人说:"那是假象,别信。快走!"你会如何?我相信,那份美不胜收,却马上遭破坏,你的心情,也马上会被破坏掉。

我这个同学,就是在破坏孩子的心境。孩子推她,只是不想让她在身边干扰她,但是她却以为这是要她带走他。

我相信,这个孩子以后肯定会变得特别规矩,特别胆怯,因为他的脑子里,已经被他的妈妈贴上了太多"危险、错误"的提示标。母亲说得越多,他会越加明白,如果什么都不做,那么就不会再有错。

如果在孩子还没有做之前,就立刻告诉孩子,"这是错的",孩子要么变成一个事事都不敢做的胆小鬼,要么就变成极端的冒失鬼,越不让做,就越想做。

有一天,我们一家人看一个纪录片,是关于端午节的。桐桐边看边说:"端午节本来是纪念屈原投汨罗江事件的,可现在却成了娱乐项目,真不知道人们的思想到底是怎么回事?"

桐桐在说汨罗江时,发音是"guluojiang"。妻子立刻给她纠正:"那念'miluojiang',不是'guluojiang'。我记得你以前还专门做过这样的练习题,怎么还是没有记住呢?"

桐桐很无奈地说:"哎呀,这事吧,想想还真不怪我。其实,我从一开始,看着拼音读,就读'miluojiang',但是后来老师一上课就强调,不要念成了'guluojiang'。结果,我就记住'guluojiang',而把'不要'给忽略了。"

我记得以前有个作家尤文就写过一篇文章,他让同事给买笔,他说不要买黑色的。强调了很多遍,结果他同事就给他买来了黑色的。

同样的生活哲理,我在桐桐这里也发现了。

不要老在孩子面前强调某种错误。强调本是为了加深印象,强调错误,非常容易影响孩子记忆和思维的运转,让他把正确的东西忘掉,专门去记忆错误。

小冰是一个职场女性，表面看起来她特别强悍，气势十足，动辄就给别人下马威，属于女强人类型。但她的人缘很差，很多好的创意和计划，常常无法得到有效的执行。

升职到一定的阶段后，小冰就感觉到了天花板，没有上升的空间了。她感觉苦恼，不知道该怎么办，就去找一位职业咨询师。

就在和咨询师聊天的过程中，小冰还因为咨询师问她的学历和年龄，而差点和咨询师吵起来。她的理由是，学历和年龄不是解决问题的关键。

咨询师很冷静地告诉她：“你之所以处处咄咄逼人，实在是因为你很不自信。”

小冰冷笑着说：“收起你这副评价人的嘴脸吧。我不自信？我告诉你，就我的创意，在我的圈子里，还没有人能超得过我。”

咨询师说：“如果你非常自信，那你为什么那么在乎我问你学历和年龄？如果你非常自信，你为什么动辄就给别人下马威？”

小冰还要说什么，咨询师没有容她开口，就继续说道：“在你的生命中，有一个特别重要的人，你非常崇拜他，简直可以说顶礼膜拜，但他却总是批评你。对不对？”

小冰想了一下，说：“我最崇拜的，就是我妈妈，我妈妈看事情看得特别透彻，她每次帮我分析我的错误，都让我感觉受益匪浅。”

“你妈妈总是帮你分析你的错误？真奇怪，你妈妈从来没有发现你的正确或者优秀之处？”

小冰想了半天，终于低下头，摇了摇头。

相信，你也已经看出端倪来了。小冰骨子里的自卑，其实是妈妈造就的，一个从早到晚只听到自己缺点的人，你能相信他对自己很自信吗？

不要动辄就说孩子的错误、缺点，那样会伤害孩子的自信。即使你说得对，也应该换一种方式，最好用鼓励、欣赏的方式来和孩子分析他的错误和缺点。

天有阴晴，人有优缺。没有不犯错的人，只有不允许孩子犯错的父母。可是你能阻止你自己犯错吗？如果你不能，为什么非要强迫孩子呢？而且你知道吗？你不断地为孩子纠错，就是在剥夺孩子自己反省的机会，剥夺孩子正确思考的权利；摧毁孩子的自信，摧毁孩子的自尊。

成墨初老师的教育秘籍：

1. 孩子犯错，不要总是唠叨。

2. 不要把一点错误都拿出来跟孩子分析、讨论个没完。

3. 不要总是强调孩子的错误，要多表扬孩子的优点。

成长是一场实验，没有错误，只有教训

关于成长的错误，我们可以换个角度来看，当我们不用错误来为它命名时，它其实可以是一笔财富，一笔让孩子记住教训的财富。

错误在每一个人的成长中都扮演着推进者的角色，只是我们看到犯错当时的退步，而忽略了它的真实意义。

小丽从上一年级开始，就是班级里的佼佼者，每年的三好生，从来没有旁落他人家。可是这种局面到她上高中的时候改变了。

高中学校的生源广，优秀学生层出不穷，小丽的尖子生时代很快就宣告结束。

小丽一时难以接受这样的结果，变得极为抑郁、敏感，连看人的眼光都充满了嫉妒和警惕。

为了重新找回昔日的辉煌，小丽可是没少下苦功，她把24小时划分得非常精细，那拼劲，和当下新闻里报道的"北大学霸"有一拼，甚至更胜一筹。

纵是如此，小丽也只是老师和同学眼中一个"还不错"的学生，离独占鳌头的位置，尚有一段距离。

为此，小丽吃不下，睡不好。既然靠光明正大的努力，无法获得想要的结果，那么就要走"捷径"了。她暗中写信，或者编故事，给几个好学生造谣，不是男女有恋情，就是女女有矛盾，要么就是男男打架拉帮派。一时间，班级里谣言四起，"好学生"都成了人们茶余饭后的"甜点"。

班主任老师知道后，不动声色地进行调查，当他查出真相之后，马上把小丽找来，拿着小丽写的那封信给她看。

　　小丽忐忑不安，也非常后悔，她觉得自己还没有迎来再次的辉煌，就可能永远被打入黑暗中了。

　　但是班主任老师并没有批评她，反而对她赞赏有加："我是你的语文老师，但在课堂上，我还真没有发现你有这么优秀的文笔。你讲故事的水平，也是绝对一流。"

　　小丽恨不得找个地缝钻进去。

　　老师很是诚恳地说："我不是贬损你，我是真心赞美。我觉得你将来肯定是当作家的料，我敢保证你能写出世界上最美的文章，最好的故事。"

　　小丽很诧异，她抬头看看老师，老师笃定地冲她点头。一瞬间，小丽泪流满面。

　　假如你的孩子像小丽一样做错事了，你能如此淡定地看待他的错误吗？

　　在孩子犯错的时候，我们仍能看到他的优点，这对孩子将是一种莫大的鼓励。为了报答我们，他也会发扬自己的优点，改正缺点和错误。

　　小仙是一个非常美丽的女孩，正因为美丽，她的父母对她的管束格外严格。尤其是小仙进入青春期后，父母对她的限制就更加多，不允许她和男生说话，不许她放学后到处玩耍，不许她参与一些危险活动……

　　小仙也反抗过，她的母亲就语重心长地对她说："女儿啊，你知道你有多美丽吗？你知道你有多优秀吗？可正因为你美丽、优秀，你才能吸引很多人的注意。尤其是坏人的注意，所以，我们必须要保护你，直到你长大为止。"

　　久而久之，小仙也就信了父母的话，慢慢把自己封闭了起来。在父母的帮助下，小仙顺利地考上了一所重点大学。

　　这所大学离家里很远，父母的约束和指导，尽管每天都经由一条电话线传过来，但不在身边的束缚，总是会有些无力。

　　加之大学生活丰富多彩，各地学生各显其才，小仙沉浸于其中，她和父母之间的思想意识，一下子出现了断层。

　　不久，小仙的心门，就被一位从南方来的帅哥给打开了。他不仅人长得帅气，声音富有磁性，就连所说的话，也格外让人惊叹。小仙一下子就爱上了他，不，应该说是迷上了他。

那段时间，小仙几乎食不甘味，睡不成眠，看到眼里的，都是那个帅哥，听到耳里的，也是那个帅哥。

小仙终于耐不住蠢蠢而动的芳心，给那个男生写了一封情书，但石沉大海。小仙又写，又杳无音信；再写，亦是没有回音。

小仙疯了，直接去那个人的宿舍堵他。一见面，小仙就问到那个人的脸上："为什么不理我？"

那个人尴尬地笑着，说："没有啊。"小仙气愤不已，一拳打到那个人的脸上，然后转身就走。

回到宿舍后，小仙越想越不是滋味，就用一把水果刀割了大动脉。幸亏同学发现得及时，小仙才不至于发生生命危险。

有些错误，不早犯，就会引起人生大乱。

如果让你选在儿童时期犯错，或成年之后犯错，你会选择哪一个？很显然是前者。

我们必须要给孩子早犯错的机会，早犯错，意味着早成熟，早为未来铺平道路。纠正、保护和预防，都会使孩子减少犯错误的机会，但也会减少其更全面认识世界的机会。

桐桐和邻居妞妞曾因为一个小礼物而闹过别扭。妞妞想要桐桐的一个小娃娃，纠缠了好久，桐桐终于答应了，但提出条件，要和她以物换物。

妞妞很高兴，回家就拿了一堆小玩具过来。桐桐一看，都是缺胳膊少腿的破玩具，她很生气，对妞妞说自己不换了。

妞妞哪里肯，就大哭起来，说桐桐耍赖。桐桐奶奶在一边，她不想桐桐因为这个和妞妞闹别扭，就强迫桐桐把自己的小娃娃让了出来。

妞妞很懂事地谢了奶奶，还把一个没有轮子的汽车作为交换礼物，送给桐桐。桐桐不接，表示不屑，妞妞就又哭起来。桐桐气得一甩袖子，就钻进自己的房间里。

自那以后，桐桐就不愿意理妞妞了。两人在楼道里见了，妞妞热情地跟她打招呼，她也不吭声，还嘟着小嘴。

我和妻子都觉得桐桐做得有点过分。但劝说几次后，桐桐依然没有心情和妞妞说话。我就不强迫她，让她慢慢回心转意。

妞妞碰到几回钉子之后，心里很难过。

一天，妞妞拿着一个新买的娃娃来我家，找桐桐玩。桐桐一看，以为妞妞是来送娃娃道歉的。但妞妞却说："这是我新买的，我先给你玩几天，好吗？"

桐桐一听，更生气，连话都不答。

妞妞很委屈地说："我知道你生气，但是你的那个娃娃，是你不喜欢的。我给你的那个汽车，却是我很喜欢的。汽车里面，还藏着一张贺卡，你看到了吗？"

桐桐早把汽车扔到一边了，根本就没有看到贺卡。

妞妞看桐桐不吭声，她差点哭出来，说："我就知道你不会看。好吧，你不看也行，那我让你玩这个玩具，你总该理我了吧？我央求我妈买这个玩具，央求了一年，还是因为我得了一个奖，她才给我买。你总不能让我真的给你吧。"

桐桐听到这，忽然笑了，她过去搂着妞妞说："好吧，好吧，我决定先玩几天，然后给你，咱们又是好朋友了。"

对于这个转变，桐桐有自己的解释，她说："妞妞既然已经做出了牺牲和让步，那我如果一直耿耿于怀，就太小气了。"

和别人交往越多的孩子，越能在交往中纠正自己的过错，因为他总是会从别人眼里看到自己。

不管是桐桐，还是妞妞，都从这件事里获得了教训。

有些错误，即使父母不急于纠正，孩子在别的地方碰了钉子，也会自己纠正。而且碰钉子的次数越多，被人反感的次数越多，孩子纠错的能力就越强。

同样是错误，父母给孩子指出来，和孩子从生活中得到教训，其对孩子的影响力是不同的，后者让孩子反省的能力更胜一筹。就像提高身体免疫力，一方面要加强锻炼，一方面要增加营养一样。我们作为父母，为孩子指一条正确的路，这是营养，而孩子自己去碰壁、犯错、摸索，最后得到更强大的能力，这是锻炼。

成墨初老师的教育秘籍：

1.放下紧绷的神经，不要把一点小问题都看成是毁掉千里之堤的蚁穴。

2.改变对待错误的态度，能看到错误给孩子带来的成长。

3.有些错误，父母可以不用给孩子纠正，等待孩子自己反省。

4.平时多鼓励孩子，在批评孩子的时候，孩子接受起来就不会很难。

你不知道的孩子不认错的心理诱因

成长就是一个犯错的过程。其实孩子有自己纠错的能力。在面对孩子的错误时，如果我们能够忍耐几分钟，那么孩子就会有所行动。

很多时候，明明已经"人赃俱获"，但孩子还是不愿意承认，甚至表现出一副不可理喻的样貌。你知道这是为什么吗？我们慢慢走进孩子的心，看看这到底是怎么回事。

小青和小美是小学同学，两人座位离得很远，加之小美是一个沉默的女孩子，两人交往很少，矛盾自然也少。但矛盾少不意味着没有。

小青的座位在后面，她要走出教室，就必须要经过小美的位置。有一天，小青走到小美桌边前，正好看到了小美桌洞里有一个画册。

小青隐隐约约看到一些素描的痕迹，她一直是学校素描班里的学生，因此一看素描画，就心里一动，不由得停下来，想看一看。

可是小美不在座位上。小青四处看了一圈，也没有发现小美的踪迹。她想：看一下，应该也没有关系。于是就伸手把那本画册拿了出来。

可是她刚翻了两页，心里就"咯噔"一下，小美的素描画里都是一些裸体女人。她脸红了，心跳也加速了，赶紧把画册合上。

可是已经合不上了，有一只手挡住了她。同时有一个声音响起："看啊，小美画裸体啊！"

小青脑袋嗡的一声，抬头看，是班里最淘的男生阿祥。阿祥已经把画册抢过去了。他的周围，很快就围上一群看热闹的学生。小青赶紧去抢。

就在这时，小美进教室了。她看到所有的同学都围在自己的座位上看画册，她的脸一下子就阴起来，她马上冲过来，把画册抢过来，把那些同学都赶走了。

之后，小青跟小美道歉，但是小美一直趴在桌上，谁都不理。

老师很快就知道了这件事，还特意把小美叫到办公室，希望她不要把那样的画册再拿到教室来。之后，小美就变得更加沉默了。

虽然小青的过错不是很严重，但老师也找了小青的母亲。

母亲回家后就埋怨小青："你怎么那么多事呢？干吗不经过人家允许就拿人家的东西？你这样做，本来只是对画作好奇。但不知道的同学，还以为你有小偷小摸的习惯呢。"

本来，小青对此事非常愧疚，可是一听到妈妈说"小偷小摸"几个字之后，她有点接受不了，就大喊道："谁是小偷小摸了？我不就是看看画册吗？"

"我还说错你了？"妈妈见小青如此，很不理解。

"那能怪我吗？她要是不画那种画，能出这样的事吗？或者她不带到教室来，也不会出这种事啊！"

妈妈生气了，说："你这孩子，怎么不知道认错呢？"

小青是真的不知道认错吗？其实不然，她只是受不了"小偷小摸"这四个字。

孩子不认错的心理诱因，不是不知道错误，而是接受不了父母的批评和惩罚。尤其当父母的批评有些过火时，更是如此。但如果父母什么都不说，孩子可能会主动承认错误。

小平在外面又闯祸了，他在玩丢石头的时候，把一辆车砸烂了。车主拽着小平过来找他的父母。邻居家的奶奶指着小平说："看来你又免不了一顿皮肉之苦了。"

车主敲门，小平的妈妈带着围裙出来了。她一看到这个架势，脸马上就变了，还没等车主说话，她伸手就给小平一个大嘴巴。

车主一看，倒不好意思了，连忙说："别打孩子，他不是故意的，不过我的车确实伤得很严重，不然你可以跟着我去看看。"

小平妈妈解下围裙，到屋里关了火，跟着车主去看了一下。那辆车的车灯坏了，车灯的下方有一个大坑，漆也掉了。车主说："我要去维修的话，得花七八百块钱。这孩子也不是故意的，咱们都是一个小区住着。你就看着给点补偿就得了。"

小平妈妈冲着小平咬了下牙，然后回家给车主取了八百块钱，车主又退回给她三百。虽然如此，小平妈妈的气还是没有消，处理完事后，她几乎是掐着小平的胳膊回了家。

一回到家，小平妈妈就又伸出了巴掌。小平很机灵，就地一滚，就躲到了妈妈的封锁线外。妈妈见状，更加生气，她插着腰，站在那里说："小平，我告诉你，你老老实实过来，我还可以酌情处理，你要是逃跑，后果会很严重。"

小平怯怯地说："车主都说了，我不是故意的，不是故意的，就不是错，你凭什么打我？难道你就没有犯过这样的错误？"

"你还敢嘴硬，我再说一遍，坦白从宽，抗拒从严。快，我数三个数，马上过来。"

在这样的威胁下，小平能过来吗？过来干吗呢？过来讨打啊？！

如果孩子一犯错，父母不问青红皂白就给孩子一顿揍，那么孩子肯定不愿意承认错误，因为承认错误，意味着挨打。

花子放学的时候，在路上捡到一个漂亮的手套。她刚捡起来，就有人找过来，说是她的手套。

那个人也是花子学校的学生，花子还真见过那个孩子带过一个同样的手套。不过，这个手套恰好是花子喜欢的类型，花子很想据为己有。

因此，花子马上把手套塞进自己的书包，说："这是我掉的，你说是你的，谁能证明？"

那个同学和她理论，说："一副手套，能有多少钱，我不会为了这个讹你。"

"那我会因为一副手套讹你吗？"花子强词夺理。

说完这些，花子转身就走。那个同学非常气愤，就一直跟着花子，一边走，还止不住和花子理论。

马上就到花子家的小区了，花子有些急了，说："你干吗跟着我，你再跟着我，我就报警了。"

那个同学毫不示弱，说："你报警正好。我丢了手套，有人拿了我手套。我看警察到底会惩罚谁。"

就在这时，花子的奶奶正好出来遛弯，她走过来，问清来龙去脉，马上就让花子把手套还给那个同学。

花子一下就哭了，说："你知道什么？这是我妈昨天刚给我买新的，你根本不知道。你为什么要向着一个陌生人啊？"

这下，奶奶糊涂了，她站在那里，不知道该怎么办了。

那个同学坚持说那手套就是自己的，而且，左手手套的缝隙处，有一个被撕破的白条。

奶奶拿过手套，果然发现了白条，她勒令花子把手套还给人家。花子哭着说冤枉，但还是把手套给了那个同学。

在这件事里，花子的奶奶本来想要主持正义，但却极大地伤害了孙女的自尊。谁愿意自己在同学面前落一个爱贪小便宜的名声呢？

那么对待花子的做法，奶奶就可以坐视不管吗？当然不能，但总有办法，既可以让花子还回手套，又可以让她保住面子。

孩子的尊严，就是他修正错误的底线。如果尊严不再，那么孩子不但不会承认错误，还可能破罐破摔，犯更大的错误。

所有的孩子都有一种正向的力量。所有的孩子都希望自己被人称赞，被周围世界认可，这是人成长中的正常心理。但是错误的出现，使孩子和周围世界产生了矛盾，从孩子的本心出发，他必然会想要去改正错误。但如果周围世界对待错误的态度，让孩子看不到融合的希望，那么，他可能就会选择孤独地坚持错误，与周围世界对抗。

成墨初老师的教育秘籍：

1.孩子犯错后，也要维护孩子的尊严。有些错误，不要当面揭穿。

2.孩子犯错后，对孩子的惩罚，不应该是打骂，而应该是让孩子弥补错误。

3.孩子犯错后，等待一段时间，给孩子一个自我反省的机会。

4.孩子犯错后不承认，就不要逼着孩子承认。我们得了解孩子犯错的动机，并清楚孩子不认错的心理诱因，然后再酌情处理。

5.有时候，当孩子看到不认错能躲避惩罚，他就会效仿，甚至会把心思用在怎么掩盖错误上。因此，父母在犯错的时候，千万不要试图掩盖，而要坦诚地承认，给孩子做一个好榜样。

不出格，不自觉；不出格，不成人

因为害怕失败而什么事都不去做，就不可能有成功的机会。孩子不做"出格"的事情，就无法从中获得自己的觉悟，也就无法真正成人。

我曾在一本励志书中看到这样一个故事。有一个很富裕的主人，要到一个很远的地方旅行，大约需要半年的时间。

临行前，他分别给了三个仆人100美元，让他们用这些资金，随便做事。

半年后，此人旅游回来，把三个仆人叫到面前，问他们说："告诉我，你们用那100美元，都做了什么事情。"

第一个仆人走上前，从兜子里掏出200美元说："我用您给的100美元，投资做生意，又赚了100美元，都在这里。"

主人听了，满眼含笑，接过去100美元说："你很有头脑，将来肯定能成大事，剩下的100美元，留着自己开销吧。"

接着，第二个仆人走上前，有些沮丧地摊着双手说："我也用这100美元投资做生意，但因为不了解行情，犯了些错误，投资失败了，本都没有了。"

主人听后，点了点头，从腰里掏出50美元说："犯错不怕，下次吸取教训，就能进步，最终会走向成功，这钱赏给你了。"

这时候，第三个仆人捧着100美元走到主人面前说："这是您给的那100美元，为了确保它不会损失，您走后，我就把它原封不动地保存了起来，你看看，一分钱都没少。"

他的话音刚落，主人就冷着脸接过钱说："连尝试都不敢的人，注定一事无成。"说着，拂袖而去。

前两个仆人看着手中的钱，高兴地眉开眼笑，第三个仆人，甩了甩空空如也的手，后悔莫及。

　　这个故事的道理十分明显，它告诉人们，应该勇于尝试，成功了好，失败了也是一个教训，这样才有可能进步。

　　因为害怕失败，什么事都不去做，就不可能有成功的机会。教育孩子做事也是如此，不要害怕他犯错误，只有让孩子多接触、多动手，他才有可能会做更多的事。

　　记得有一次，我送桐桐去学校，她背着书包欢快地走在前面，我在后面跟着。

　　走着走着，我发现女儿的书包正在缓慢地朝下滴水，仔细一看，下面湿了一大片。我急忙叫住桐桐，让她把书包卸下查看，赫然发现包中的矿泉水，因为盖子没拧紧，又是平放着，水已经流出来一小半，弄湿了书本和书包。

　　我忙把矿泉水拿出来，又掏出书本，甩掉上面的水。桐桐在旁边紧张地看着我，不安地问："爸爸，书不会烂吧？"

　　"不会，晾晒一下就好了。"听我这样说，桐桐才长长地舒了一口气。见她这样，我想起书包里没有合紧的矿泉水瓶，疑惑地问："桐桐，矿泉水瓶盖是谁合上放在书包里的？"

　　"是我。在家里的时候，我渴了，妈妈给我打开后，我喝了两口，见你和妈妈没在身边，就自己合上放在书包里了，没有想到……"

　　说到此处，桐桐看了我一眼，没有再说下去。

　　我没有责怪女儿擅自拧瓶盖，并因此打湿了书包和书本，相反，我觉得这是一个教孩子正确拧瓶盖的机会。

　　这样想着，我就把矿泉水瓶上的盖子取了下来，给女儿示范应该怎么拧，然后把瓶子倒着拿，看水是否会溢出来。

　　接着，我把瓶子递给女儿，让她试一试。桐桐经过几次操作，最终成功拧紧了瓶盖。随后，我又教她如何打开，不一会，桐桐也学会了，虽然力气小，有时候会费点劲，但她知道如何去做了。

　　此后，桐桐再喝水，就不用我和妻子给她打开瓶盖，等她喝完再盖上了。

孩子犯了错，你应该抓住这个教育的机会，帮助孩子纠正错误，而孩子，今后会接受犯错的教训，避免下次再犯类似的错误，从而获得成长和进步。

因此，你发现孩子做错了事，不应该一味地批评、指责，也不能伸手代劳，否则，要么使孩子畏惧做事，要么会让孩子依赖上你。这两种结果，都会导致孩子停步不前。

我曾经咨询过这样一个案例，他是一个13岁的男孩，长得五官端正，随妈妈一起来到我这里，从来到走，一直是低着头，问他什么话，声音低得像蚊子嗯嗯似的。问他会做什么，摇头说："我什么也不会做。"

孩子为什么这样？是先天如此，还是后天造成？我心里想着，仔细地询问了母子俩，最后才得知原因。

原来，这个男孩小时候，与别的孩子没有什么两样，活泼爱动，喜欢做事。在他三岁左右的时候，有一次自己去倒水，被开水烫着了，痛得哇哇大哭。

妈妈当时吓坏了，急忙跑上前，抱着孩子去医院检查伤口。好在水不是很热，烫过的皮肤也没有大碍。

不过此后，每当孩子伸手要做事情，妈妈总会急忙上前恐吓他说："还记得上次被开水烫着的事情吗？不能随便再动东西啦！"

男孩子立马就回忆起上次的事情，并迅速地缩回手。从此后，他没有再伤着自己，没有犯过错，因为什么事都是父母代他去做。久而久之，男孩就变成了这个样子，影响了成长，耽误了前程。

知道了事情的经过，我有种说不出的心酸。要想改变孩子如此懦弱、胆小的个性，将是一件十分困难的事情，需要一个很长的矫正历程，希望这个案例能给你一些警示。

小孩子，开始学做事情，被磕碰着十分正常。你不能因为曾经发生过这样的事情，就恐吓孩子不准再做事，从此后什么事就都代替他去做。

代替孩子做事，孩子是不会再犯错误，不会再被伤害了，但孩子也就不能获得进步。不仅如此，孩子有可能还会出现一些心理方面的问题，形成懦弱、胆小的性格，严重影响着孩子的健康成长。

而让孩子尝试着多做事，允许孩子犯错误，这样不仅能提高孩子的生存能力，还能培养孩子形成勤劳的好习惯，使他受益终生。

成墨初老师的教育秘籍：

1. 孩子犯错后不知道要如何解决时，父母要及时给予孩子指引。父母的经验多于孩子，只要父母愿意，总会找到帮助孩子的最佳方案。

2. 在帮助孩子认识错误的过程中，父母的打骂和迁就都是不可取的。给孩子留有反思自己行为的机会，才不失为明智之举。

3. 父母应该牢记孩子是一个独立的人，他们需要父母的帮助而不是包办。孩子一旦做了错事，让他悔过自省，主动向被冒犯、伤害的人道歉，再与对方共同商量解决问题的办法。

孩子惹你生气，其实不是故意的

一天，我在路上遇到老同学秦军，他从学校接儿子壮壮回家。

我和秦军闲聊了几句，壮壮就在旁边玩着爸爸手机里的游戏等着，正说着话，就听壮壮大声说："我靠，遇到炸弹了，这下子坏了。"

"壮壮，你说什么？"秦军听孩子说粗话，大声喝问。

"我，我没有说什么啊！"壮壮看着爸爸，嗫嚅着答。

"说了不敢承认啦，还用我给你重复一遍吗？"

壮壮见爸爸严肃的面孔，低着头想了一会儿说："'我靠'是脏话吗？"

"你说呢？"秦军的脸色更加难看了，移步向儿子走去，看样子要揍他。

我急忙从后面拽着秦军，壮壮趁此机会解释说："爸爸，我真不知道这是句脏话，听好多同学都这样说，觉得好玩……"

"别给我装蒜了。"秦军打断儿子的话，他认为壮壮是有意识地为自己的错误找借口，硬要上前给儿子一个教训。

我急忙在后面拉住他劝说："孩子有可能真的不知道说这句脏话是错，告诉他以后不要这样说就行了，给孩子一个改过的机会。"

秦军听进了我的话，这才罢手。

孩子是非观念不强，分辨能力差，又喜欢模仿，许多时候说出的脏话或者做出的错事，都是受周围环境的影响，处于无意识当中，并不清楚这样说、做不好。

这时候，你应该做的是，引导孩子认识错、对，耐心地帮助孩子纠正已经形成的不良言行举止，而不是粗暴地去揍孩子，对于孩子的过失行为，更应该如此。

◆◇◇◆◇◇◆◇◇

前天，桐桐领着小区里的两个孩子到家里玩，三人玩了一会儿玩具，接着又做起了捉迷藏的游戏。

正玩得高兴时，只听哗啦一声，桌上的一个贵重花瓶掉在了地上，碎了。那两个孩子一见闯祸了，夺门而去。

妻子听到声音，从厨房里急忙跑出来，看到地上破碎的花瓶，揪过来桐桐，拧着她的耳朵问："花瓶怎么掉在了地上，它可是你爸爸花几百元钱买回来的。"

"刚才我藏在桌子下，起来时不小心，碰动了桌子，花瓶就掉在了地上。"桐桐疼得呲牙咧嘴，向妈妈使劲地解释。

"谁让你在家里玩了？这回弄坏东西，你开心了？"妻子拧桐桐耳朵的劲头又加大了一点。

桐桐撑不住了，一下子甩掉妈妈的手哭喊着说："我不是故意要把花瓶打碎的，你是个坏妈妈，以后我再也不理你了。"说完，跑到屋里趴在自己的小床上大哭了起来，当天晚上也没有吃饭。

此后，整整一个星期，桐桐都没有和妈妈说一句话。

如果孩子所犯的错误，是因为过失造成，哪怕损坏了再贵重的东西，出现多么严重的后果，你都不能对孩子进行粗暴的惩罚，这不是说姑息孩子的错误，而是已成事实，又不是孩子主观故意，再打骂孩子，也于事无补，只能使亲子关系疏远。

即便你亲眼看见孩子有意识的破坏行为，也不一定就是出自破坏的目的，你应该先弄清楚事情的原委之后，再下结论。

记得那是我四五岁时发生的一件事情。母亲喜欢听戏，她常常一边干活，一边听收音机，若碰上自己喜欢且会唱的段子，还会小声地跟着哼唱，陶醉在其中。

有一次，母亲正做着饭，听到收音机放着《穆桂英挂帅》的选段，忘情地跟着节拍哼唱了起来。

这时候，我从外面走进来，听到小小的收音机里传出声音，就信步走到跟前，拿着它上下左右的观看，想弄清楚声音是从哪里出来的。但一直都没有找到答案，我就找来小刀，想把它撬开，解开心中的疑问。

就在我左右使劲摆弄收音机的时候，母亲听出了声音不对劲，扭头看到我正拿着刀子对收音机下手。她大惊失色，急忙跑到我面前，夺过刀子，把我推到一边，生气地喝问："你要干什么？"

我被母亲突如其来的举止吓蒙了，不安地搓着手，沉默不语。

"你这孩子，怎么越大越不懂事，家里就这一个出音的东西，你还要把它毁坏。"说着，拿起身边的笤帚，就朝我打来。

这时候，我才稍微清醒，一边躲一边说："妈妈，我没有想破坏，只是想知道声音是从哪里来的。"

母亲听了我这话，这才停下脚步，坐下独自生闷气。我远远地看了母亲一会，见她没有再追着打我的意思，这才轻手轻脚地走到她面前，小声地问："妈妈，你说收音机的声音，是怎么出来的啊？"

她抬头看了我一眼说："这个问题，妈妈也不清楚，你以后好好学习，就能知道这些原理了。今天妈妈不该打你，不过，你要记住，以后不能再有这样的行为，因为即便你打开收音机，也不会找到问题的答案，还会把物品毁坏。"

我点点头，答应母亲不会再做类似的事。并且从此记下了妈妈的话，上学后开始好好学习，以便早一些解开心中的疑问。

小孩子，一般好奇心都大，喜欢摆弄东西，而且控制能力差，受不了诱惑，往往会在不经意间，犯下一些错误，你不能因此去责怪孩子，而应该学会正确的引导，这样既不会打击孩子的好奇心，同时也能使孩子避免一些没有必要的破坏行为。

事实上，孩子所犯下的一切错误，都不是故意如此。若是孩子是有意识地做出一些错误的事情，而且屡教不改，主要也是因为你的教育出了问题。

所以，在孩子犯错后，一定不要急于惩罚孩子，而要看看孩子犯错背后的原因。要知道，没有一个孩子会故意犯错，以惹父母生气。

成墨初老师的教育秘籍：

1. 对孩子的过错要宽容、理解，这能使父母走进孩子的内心，变成可亲可敬、可以推心置腹交往的朋友，从而顺利帮助孩子健康成长。

2. 父母应该告诉孩子，世界上任何人都会犯错误。既然错误是事实，就要把犯错误看成是学习的好机会，而不要把它藏起来。

3. 及时帮孩子找出问题的原因所在，不能拖到以后再说，不然孩子有可能下次还会犯。父母一定要及时指出错误原因所在，给孩子留下深刻的印象，使孩子下不为例。

别急着给孩子下定论，要等读懂孩子的心理

孩子的言语行为，受外人评价的影响，受心理作用的控制和暗示，如果你时时说孩子这做得不好，那做得不对，处处指责孩子的不是，那么他可能真的朝那个方向发展。

一次，我去同学秦军家，正碰见他训斥儿子壮壮："你这孩子，成绩不好就算了，怎么还总是撒谎对我说没考试？"

"爸爸，我没有撒谎。"壮壮抬头解释。

"说了谎还不承认，再嘴硬，我就要揍你了。"

壮壮看了爸爸一眼，又抬头瞅了我一下，低着头没再吭声。

秦军见儿子服软了，又见我去找他，就向壮壮挥了一下手说："去做作业吧，以后再撒谎，看我怎么收拾你！"

"爸爸，我没有撒谎，真没考试。"壮壮一边往自己屋里走，一边说。

"你……"

"有可能是你错了，孩子这次真没有撒谎。"我从壮壮刚才的话语及表情中，感觉他说的是真话，就急忙上前拦住要发火的秦军，同时解释说。

他看了我一眼，不解地问："你怎么这么说，我可是亲耳听邻居孩子说学校考试了啊？"

"邻居家的孩子与壮壮是同一年级、一个班级吗？"

"好像不是同一年级。"秦军听我如此问，有些不确定地回答。

"壮壮以前曾经是否说过谎我不知道，但这次，我敢肯定孩子没有撒谎。你没弄清楚事情的真相，就给孩子冠以'说谎'的标签，这样不但会冤枉孩子，还会影响以后的教育。"

"我是有些冲动了，你说得正确。以后教育孩子，要摸清楚弄明白再下结论。"秦军摸了一下头，有些不好意思地说。我看着他，笑着点了一下头。

孩子，有可能曾经撒过谎，但不能因为他一次这样，就给孩子贴上"撒谎"的负标签。其他事情也是一样，你任何时候都需要弄清楚原因后再下结论，即便孩子真的做得不对，并且多次如此，你也不能着急给他贴上"有问题"的标签。

记得桐桐在三岁左右的时候，做什么事情总是按照自己的意愿去做。有时候，妻子不让女儿做什么，她往往更加用心地去做。妻子因此多次责怪女儿说："你真不听话。"

有一次，吃过晚饭，妻子给桐桐找好要换的衣服，让她去卫生间洗澡。正拿着小玩具车在地上推来推去的女儿，像没有听到一样，继续玩。

"桐桐，妈妈叫你几声了，为什么一点都没有反应？"妻子怒气冲冲地走到女儿身边，把她从地上拉起来问。

桐桐用眼角扫了妈妈一眼，撇了撇嘴说："你不是天天说我是个不听话的孩子吗？"言下之意，就是你说我不听话，我就做出不听话的样子给你看。

妻子听了想发火，忽然又意识到桐桐说得有道理，她紧绷的脸缓和了下来，接着蹲下身子，温柔地对桐桐说："妈妈以前说错话了，我知道桐桐是个最听话的孩子，对不对？"

桐桐听了这话，沉思了一会，红着脸对妈妈说："我现在去洗澡。"说完，收拾起玩具车，跟着妈妈走进了卫生间。

孩子的言语行为，受外人评价的影响，受心理作用的控制和暗示，如果你时时说孩子这做得不好，那做得不对，处处指责孩子的不是，那么他可能真的朝那个方向发展。这样的结果，已经得到许多心理学家实验的证实。

我曾在一本书中，看到这样一个实验。有个知名的心理学家，到一所学校的一个班级里，随机地点了10名学生，说他们的天赋比较高，只要现在努力，将来肯定会大有作为。

这10名学生，有的成绩不错，有的学习很差，但听了这个专家的话，无不信心十足，对前程也充满了美好的憧憬。

两年后，这个心理学家又去了那所学校，想看看这10名学生的近况。他赫然发现，这些学生的成绩无一例外都得到了大幅度地提升。而其他的学生，身上则没有什么大的变化。

经过多次试验，结果都是如此，心理学家随即得出"积极标签效应"这个结论。意思是说：如果给孩子正面的评价，那么他受其暗示，无论心理还是身体机能，都会朝这个方面发展，与别人的评价趋于一致。

相反，如果给予孩子不好的评价，他一样会受其影响，朝不好的方面发展。

所以，父母不要急着给孩子下结论，要了解孩子的心理以后再做出正确的教育。孩子的未来如何，全看父母如何做。

不管孩子表面上看如何调皮，多么顽劣，身上有多少缺点，你都不能轻易地就给他贴上"有问题"的标签。因为这样做，不但对纠正孩子的缺点不起作用，而且还可能会导致孩子的缺点更多、更重，让以后的教育工作更加难做。

成墨初老师的教育秘籍：

1.要认真听孩子说话，表现热情、有兴趣，正确理解孩子的想法和感受，并能从孩子的立场去理解他说话的内容，然后再下结论。

2.经常与孩子交流思想，可以让父母了解孩子的真实想法与真正动机，也可使孩子体谅父母的疾苦，逐步学会为父母分忧解难，学会承担一部分家庭责任。

3.经常到学校去走走，向班主任老师了解孩子在学校的表现怎样，与同学相处怎样，能不能接受老师的教育等等，这些信息通常可以比较全面地反映孩子的心理。

把孩子的缺点看成上天的恩惠

人类的所有的进步,都是建立在对自身弱点的改进完善基础上的。同样,孩子的缺点,也是孩子进步的希望。与其对之虎视眈眈,不如把它看成上天的恩赐。

我们都知道要去关注孩子的优点,挖掘其优点,使其发扬光大,并能成为一生的奋斗目标。可是很少有人用积极的态度去看待孩子的缺点。我们甚至谈缺点而色变,以为缺点的存在,就是遗憾的标识。其实未必,我们先看看下面的故事。

陈俊是一个十岁的男孩,他顽皮,但却极其善良,甚至善良到软弱。一些调皮捣乱的孩子,在做了错事之后,往往会推到他的身上。而他从来就不辩解,很乐意承担惩罚。

陈俊乐意,他的父母可不乐意。当他们知道陈俊是替同学顶罪后,就火了,马上揪着陈俊要找那些同学算账。

可是陈俊却死死站在原地,坚决不出卖自己的朋友。

陈俊的父母气不过,他们绝不容许诋毁发生在自己孩子身上,他们要把曾经受到的委屈和屈辱全都吐出来。于是,他们找老师重新调查,并为最近几出事情提供了证据。

老师见那些证据确凿,就决定给陈俊平反。陈俊的父母要求那些推卸责任的孩子向陈俊道歉。老师也答应了,他把陈俊和那些真正做错事的孩子都找来。

那些孩子见事情败露，都纷纷承认了错误，并向陈俊道歉。但是陈俊却显得特别尴尬，他红了脸，憋了好半天，终于说：

"爸爸妈妈、老师、同学，我不是什么傻子，他们也不是坏蛋，我们只是各有所得。我虽然接受了惩罚，但却变得更加坚强、隐忍，而且，为了不再继续接受惩罚，我对他们加强了监督，他们也都愿意接受我的监督。"

那些犯错的同学都附和道："是，我们都愿意和陈俊交往，他够义气，有胆量，和他在一起，我们觉得特安全。"

老师气乐了："合着你们这是拉帮派、搞关系。陈俊的软弱其实是一种手段。"

陈俊的父母很难堪，他们追问陈俊："你受了这么多委屈，还要为他们说话？是不是他们总是威胁你，强迫你？你放心，有爸妈老师在，以后没人敢欺负你。"

陈俊说："老师说我使手段，我从来没有这样想过。原来，我的确是懦弱，是受委屈。可我不甘心这样，我挨了批评后，就找他们算账，还挨过打。但慢慢地，我们的关系就融合了。而且老师也可以作证，我们很少犯一些原则性的错误了，我们的错误大多来自无知。"

老师若有所思，陈俊的父母，也面面相觑。

不要以为这是一个杜撰的故事，这样的事情我遇到过，相信你也曾遇到过。孩子的缺点，他自己的感受比我们可能还要强烈。因为缺点就意味着错误，甚至意味着惩罚。为了避免错误和惩罚，他必然会想办法改变。尽管他的改变可能不符合成人的思路，甚至是错的。但是每一步改变，却都有让人惊喜的收获。

晓炯是一个特沉默的孩子，他很少出现在人群中，即使偶尔出现，也常常被人忽略。晓炯没有朋友，学习成绩也不上不下。

晓炯的父母害怕他得了自闭症，就经常带他去参加各种聚会，还会邀请和晓炯同龄的孩子过来玩。

但晓炯还是自娱自乐，让和他一玩的孩子感觉扫兴。

晓炯的父母只好又进行下一步改良计划。他们开始给晓炯找心理医生，他们希望借由心理医生之手，打开晓炯的心门。

但换过几任心理医生后，晓炯并没有什么改变。而且大多数医生给出的意见都是：孩子没什么心理问题，只是不爱说话而已。

虽然如此，但晓炯的父母还是不放心，他们还是尽自己所能，为孩子创造一个开放的环境。

晓炯过生日时，他的父母为他安排了一个规模还算可以的生日宴会。但是宴会开始后，孩子们都兴高采烈地结伴玩耍，晓炯却不见了踪影。

晓炯的父母找了半天，才在卫生间里找到了他。他正坐在马桶上画一个连环画。

晓炯的父亲拿过来看了一下，画上是一个脸上有怪异表情的小男孩，他的眼睛亮亮的，他在看世界的美景，在倾听世界的美声，在品尝世界的美味。

他的美景，有时候是飘飞的雪，有时候只是一个被倒着放置的勺子；他的美声，有时候是鸟叫，有时候只是清晨的杂乱之音；他的美味则更有意思，第一个是一枚扣子，第二个，是妈妈的脸，第三个，是一本书。

晓炯的父亲一下子就特别感动，他说："儿子，你告诉爸爸，你这样觉得很好是吗？"

晓炯点点头说："是，我没有问题，我很喜欢观察，很喜欢倾听，我并不是不会说话，我只是把说废话的时间用来观察、倾听和品尝。"

感动吗？

有多少优点，被包装成缺点的样子展现出来呢？

睁开慧眼，认真看待孩子，不要想当然地把某种不合群的优点看成是缺点。平庸之人使整个世界变得喧嚣，就连张牙舞爪的另类，都不过是一种哗众取宠。孩子能静下来，创造一个属于自己的唯美世界，这是智慧，是超越。为什么把这当成缺点呢？

我认识一个很有名气的音乐人，他为人特别低调、谦逊。有一次，我们谈到人生最大的收获，他跟我说是缺点。我不明所以，他解释说："以我的条件，玩音乐简直就是死路一条。"

"你是说你的缺点让你有了一种突破的欲望？"我问。

他点点头，说："我对音乐有一种痴迷。我遇到很多高人，都说我不是玩音乐的料。可我就是放不下，就用一百倍一千倍的努力来弥补我的缺点。"

"有那么多人不看好你，你为什么还要坚持啊？一般人都认为世界上的路有千万条，既然一条走不通，就可以走另一条。"我很不理解。

"一般人这样想，但我不。我当时就想：也许我的缺点，反而是上天给我的一种恩赐，让我寻找另一种特别的玩法。我始终相信音乐和我的缘分。就一路努力过来，直到成功。"

我不禁赞叹，赞叹他的执着，更赞叹他对缺点的诠释方法。

即便将来这个音乐人没有功成名就，我相信，他对音乐的解读，也是超于常人的。

缺点，总是会给人造成困惑、制造麻烦，但也正因为麻烦的存在，克服的艰难，这个过程才更有意义，也才会有更多的精彩。

没有缺点的孩子，才是最可怕的。没有缺点，就没有奋斗的动力；没有缺点，就没有感受挫折的机会；没有缺点，就不会相信努力。所以，根本没必要"谈缺点色变"，相反，我们应该感谢缺点，并引导孩子多努力，多与缺点做抗争。

成墨初老师的教育秘籍：

1.孩子的缺点，大多是暂时的，它就像错误一样，需要一个纠正和改变的过程。所以，不要看到孩子的缺点，就无法容忍。

2.有些终生无法改变的缺陷，对孩子也不是坏事，因为缺陷所在之处，必然给孩子造成困境，而突破困境则对孩子的成长很有利。

3.当孩子因为缺点而无法解决问题时，父母尽量做旁观者，不伸手进行援助。

第七章

教育孩子，

方法比效率更重要

当效率以经济的形式站在很多项目前，它都改变了项目本身的正面意义。教育也是如此。如果我们总是强调效率，那么孩子就成了一个筹码，一个博得未来成功的筹码。

这对孩子是不公平的，也不是教育的本来意义。所谓教育，应该发挥成长的全部动力，找到个体的最大价值。

大多数教育，都需要慢慢磨。这个磨，绝不是"铁杵磨成针"的浪费，也不是"香自苦寒来"的挫折，而是慢慢品味，寻找"恰到好处"的方法。

所有的孩子，都有一个成长的密码。破解这个密码，就能找到正确的方法。

这些密码，有的可能符合常规，只要稍加注意，就能找到；但有的可能会违背常理，甚至以奇怪或者消极的形式显现。这就需要父母有耐心，有宽容心，能细细去品。

说话，要说能到孩子心窝里的话

孩子心智还不成熟，对自己的优点和缺点认识比较模糊。这个时候，父母的一句中肯的、认可的话，对他起着至关重要的作用。甚至于能影响他的一生。

"'你越来越不听话了。'我每次听到妈妈说这句话，心里就冒无名火。"桐桐的同学对我说，"有时一生气，我会故意把事情做糟。"

"你为什么不尝试把事情做好，让妈妈改变对你的看法呢？"我问他。

他摇头道："就算我做得再好，也达不到她的要求。她反过来还会挑我别的毛病。总之就是，在她眼里我就是不好。"

桐桐也在一旁说："他妈妈还爱拿别人和他比，夸别人批评他。这就是我不愿意去他家的原因。"

"我生气了就说她，要是她看着别人家的孩子好，就让他们当儿子好了。"他赌气地说，"昨天我表姐来，她又拿我和她比，一气之下，我就跑了出来。"

听了他的话，你是不是觉得，这个孩子不听话，在很大程度上是因为他父母那张嘴。在这里，我要特别强调一点，不管孩子犯下的错误多么严重，让你多么生气，千万不要拿孩子的缺点与其他孩子的优点来比较。

我想起一位朋友对她儿子的教育。

她儿子上小学，特别爱打架，几乎和班上所有的同学都打过架，因为他打架时出手特狠，所以，同学家长频频找到学校来。老师多次请她来学校，说她儿子再这么下去就得转学。

对于儿子的这种表现，她伤心欲绝，在心里发狠要好好教训他一顿。但是，回家看到吓得躲在角落里的孩子，她心软了，没有像以往那样骂他，而是强压着怒火把他叫到跟前。

她强装笑脸，说："老师说了，你比上学期听话多了。"

这句话让儿子眼前一亮。她又说："我也发现你最近很乖，要是能坚持下去就更好了。"

第二天，儿子放学回家，高兴地对她说："妈妈，我今天没有打架。"

她笑着抚摸儿子的头，说："我早知道了，你们老师打电话给我说，有的同学还想和你交朋友呢。"

儿子一怔："谁呀？"

她随口说出一个同学的名字。儿子不再说话。

今天她确实接到老师的电话，说她儿子差点和一个同学打起来。她刚才提到的那个同学，就是和儿子打架的同学。

几天后，儿子兴冲冲地对她说："妈妈，我有新朋友了。"

她笑了，说："好哇，有时间带他们来家里玩，或是把你的漫画书拿给他们看。我听你们老师说，你越来越会团结同学了。"

儿子咯咯地笑着，说道："老师真给你说了？"她点点头。

这些天她一直与老师电话联系，也知道儿子在尝试着与同学和睦相处。

后来怎么样了呢？

她儿子竟然被同学们选为班长，成绩也越来越好。

孩子的心智还很幼稚，父母的一句鼓励就能给孩子无限的力量。当孩子听懂父母的话，并将这些话听进心里后，就会做出积极的行动。

上中学时，我有个要好的同学，书看得很多，很能说。和我在一起时，总有说不完的话，可是，只要再多两个人，她说话就紧张。人再多时，索性就不敢讲话了。

私下里我鼓励她："你挺会说话的，为什么那么害怕在人前讲话呢。"

她说："打小我妈就说我笨嘴拙舌的，不会说话。"

后来我去她家，听她妈妈正跟亲戚说："我那闺女，瞅着挺机灵的，就是不会说话，胆小，怕羞。这是打小养成的毛病。"

接着，她又讲起上小学时，一次老师来家访。她躲在房中不敢出来。就这一件小事，母亲就认定她不会讲话。在提到这件事时，她对我说：

"那次我考得不好，是怕老师责怪才躲起来的。其实之前我一直很爱说话。后来妈妈见人就说我害羞，不爱讲话。我也就不自觉地顺着她说的那样，变得不爱讲话了。"

她这个人多说话紧张的毛病，一直到参加工作好几年后才改掉。为此她深有感触地对我说：

"妈妈的言行对孩子太重要了，我改变我妈眼中的'胆小怕羞'，用了将近20多年。"

父母对孩子说话，千万不能乱下结论。要知道，也许你说者无心，孩子听后却很在意。更有一些聪明的孩子，甚至于会拿你给他的这些"负面"的评价，当作推卸责任的借口。

"你想要什么样的孩子，平时就和他说什么样的话。"多年前，我在听国内一位著名的教育专家的讲座时，他说过这么一句话，同时向我们讲起母亲对他的教育。

他的母亲不识字，每次他写字时，总要说他："你的字写得很好，不过，要是写得和书上一样，就更好了。"

起初他很生气，反驳道："书上的字是机器印出来的，我哪能和它一样呢。"

母亲耐心地说："你好好写，总能写好的。"

隔天，母亲又看他写的字。夸他："你现在写的字，要比昨天的好啊。"

他明知道母亲是在骗他，仍然很高兴。母亲又指着其中的一个字，说："最好的是这个，我看和书上的差不多好了。"

经母亲这么一说，他低头细看，这个字是"人"。因当时铅笔削得尖，加上这个字简单，就比别的字要好看一点。

再写字时，他开始有意地把每一个字写得好看，还特意拿给母亲看，要是母亲觉得不好，他会反复地练习，一直到母亲说好为止。

有一次，母亲对邻居夸他："我家孩子不光书读得好，字也写得很好，和书上一样好看。"

母亲这句话大大地影响了他，以后上初中、高中、大学，他非常在乎自己的字，并刻意地写好，在心里还按着母亲的要求写到最好。

这就是他为什么会在初中时练字贴，在高中时学书法，在大学时研读自己喜欢的教育学专业。

这么做的目的，除了是他自己真心感兴趣外，还有一点就是，为了印证母亲口中的"我家孩子不光书读得好，字也写得很好"那句话。

用最简单的话表达你的观点，让孩子听懂、愿意听，并且把这些话记在心里。

孩子心智还不成熟，对自己的优点和缺点认识比较模糊。这个时候，父母的一句中肯的、认可的话，对他起着至关重要的作用，甚至于能影响他的一生。

父母要改掉唠叨的习惯，需要自我约束、克制。比如当你发现一件事已经重复讲了一两遍后，当这句话又到口边时，就要在脑子里对自己喊"停"。或者用其他适合自己的方法来制止这种唠叨。

成墨初老师的教育秘籍：

1.孩子虽然年龄小，但是有独立的人格和尊严，希望父母以对待成人的方式来对待他。父母不要以自己的权威地位来对孩子颐指气使，这样只会阻碍孩子和父母的良好沟通。

2.父母在和孩子的交流中要注意深入孩子的内心，发觉孩子内心的想法，不管多忙，都要蹲下来，用眼睛注视着自己的孩子，认真对孩子说话。

3.父母要营造好的谈话氛围，或者找到孩子喜欢的话题。在和谐的气氛中，和蔼地、低声细语地教育孩子，向孩子讲道理，孩子会更容易接受。

4.父母要尽量用商量的语气和孩子说话，当父母不赞成孩子做某件事时，要向孩子解释原因，让孩子从内心意识到父母的良苦用心。

个性是宝，保护孩子的个性

越是信息集中的时代，个性在未来的发展就越被看好。所以，不要按照那些固定的模式来要求孩子，要为孩子的个性发展保驾护航。

很少有家长会想到这个问题：保护孩子的个性。我们对孩子的期望，要么是功成名就，要么是健康成长。再怎样，也得教育，反正不能随着孩子的性子来。但其实，随着孩子的性子来，又能怎样呢？

小左不姓左，也不叫左，只是左撇子。母亲一见到他用左手做事，就赶紧纠正。

小左的爸爸很宽容，他说："左撇子多好啊，我记得在一个杂志上看到，大多数左撇子都比一般人聪明。"

但小左的妈妈说："我知道，可很少有卖左撇子使用工具的。如果现在不改过来，他将来干什么都麻烦。"

基于此，妈妈天天为他纠正。可越是纠正，小左的"左"就越严重。开始，还只是用左手吃饭，用左手掀书，后来就连擦汗，也非左手不可。

小左的妈妈天天喊：不要左，不要左。结果说着说着，就成了"左左"，后来大家就管他叫"左左"，或者"小左"。

纠正没有成功，小左连大脑都"左"了，看问题的思路总是和别人不同。

比如，妈妈说："放学后，先吃饭。精神补足了，再做作业，才会做好。"小左却说："不行，得先做作业，不做完作业就不能吃饭。那样做作业才更有动力。"

妈妈说："天晴的时候出去玩比较好。"小左说："雨景会更加别致。而且下雨的时候，人会很少，整个自然景观就都是你一个人的了。"

妈妈隐隐品出，小左似乎有和自己作对的倾向，就择日和他进行了沟通。她直截了当问他是否对自己有什么意见，为什么总是和自己唱反调。

小左莫名其妙地看着妈妈，说："你是妈，掌握着生杀大权，我哪敢和你唱反调，再说，我为啥要和你唱反调？"

话不投机，妈妈对小左的意见就更大了。

其实左撇子的问题，根本就不是问题，这位妈妈的做法，未免有些偏激。而且，生硬地纠正孩子的左撇子习惯，还可能会给孩子带来伤害，让孩子在学习成长中出现混乱。

当孩子出现某些与众不同的行为习惯时，只要不是坏行为习惯，我们就应该能够容忍，学会接受，给予他一个空间。这不是纵容，而是呵护孩子的正常成长。

盈盈是一个特别喜欢张扬的小女孩，家里买什么好东西，邻居马上就能从盈盈嘴里听到。自己学会了什么，同学也马上就能知道。

妈妈很不喜欢盈盈的这个性格，她经常跟盈盈说："为人要低调。张扬的人，最容易受伤。就说你吧，要是别人老在你面前显摆，你会喜欢他吗？"

盈盈摇摇头，说："不喜欢。可是我不是显摆啊，我只是不知道该说什么话题更好。"

"没有话题，你就不要说嘛，谁又不会因为你不说话而伤害你。"

妈妈说得多了，盈盈就变得极为警惕，在说话之前，总是来回掂量，看是否会显得比较张扬。就连和同学说话，盈盈也显得挺紧张。

有一回，几个要好的同学在一起痛斥一个外班老欺负人的男生。大家都义愤填膺，你一句我一句地罗列那个同学的罪状。

盈盈在旁边一声不吭。几个同学说了半天，见她一直沉默不语，就问她："难道你不同意我们的观点？你是不是觉得我们冤枉了那个同学？"

盈盈说："嗯，嗯，也许吧，我也不知道哦，我和他很少接触。"

这一句话犯了众怒，同学们把矛头全部转向了盈盈，他们纷纷说盈盈不够义气，没有团结意识，还说盈盈是认敌为友。

盈盈百口莫辩，就坐在那里哭。

为什么盈盈成了众矢之的？因为她没有和众人达成统一战线。为什么没有达成统一战线？因为她在思考自己的话是否有张扬的意味。

张扬真的就那么不可容忍吗？尤其是一个孩子的张扬？

个性突出，的确会给人带来很多的伤害，但是同样也会给人带来机会。所以，没有必要过度限制孩子张扬的个性。弄不好，可能还会让孩子对社会产生恐惧感，不知该如何做人。

小鹿只有八岁，但他有个癖好，就是特喜欢参与父母的事情。无论是父母的朋友来家里，还是父母在商讨什么事情，他都要想插一脚。

有一天，小鹿的爸爸正在和一个叔叔谈事，小鹿就端着茶杯过去了。他一边给两人斟茶，一边认真倾听两人说话。

那位叔叔说了一句："职场人心难测啊，所以，还是处处小心为好。"

小鹿马上插话说："是啊，谨言慎行。"

那位叔叔笑了，说："人小鬼大。"

但小鹿的父亲却很不高兴，他说："大人说话，小孩不要插嘴。赶紧到你屋里去吧。"

小鹿也不高兴，他撅着嘴，说："我又没说错。"

但爸爸还是把小鹿推走了。

小鹿很不理解，就去找妈妈评理，没想到，妈妈也和爸爸意见一致，她说："大人说话，小孩不要插嘴。"

小鹿更加疑惑，他据理力争："如果小孩子永远不和大人一起说话，那么小孩又怎能长大？"

小鹿的话非常有道理！可是作为父母，我们还是不会让小鹿随便插话。

但这里是"随便插话"，而不是不能插话。如果小鹿的父母这样跟他说，那么相信他就不会觉得父母不可理喻了。

很多孩子的个性，都是因为不符合成人世界里的规矩而被磨平的。如果成人能够宽容一点，辩证地看待孩子的某些"不良"个性，那么很可能给孩子开辟一条非常好的成长通道。

　　尊重孩子的个性，说起来很简单，但是做起来却很难。因为大多数父母对个性的评判标准都是根据社会规则。而这个社会规则只是符合大多数人的习惯的。在这个标准下，很多父母把孩子的个性看成是存在的问题，非要解决掉不可。如果我们能改变观念，用积极的眼光看待孩子身上的问题，那么很多问题都可能只是个性的一种延伸。这种问题得到保护，孩子的前途就可能因此而被打开一条新通道。

成墨初老师的教育秘籍：

　　1.分清什么是个性，什么是问题。只要孩子不去伤害别人，也没有对自己的极度不自信，就不是什么问题。

　　2.即便孩子的个性会让他受伤害，父母也不要试图去改变，我们可以教他一些不受伤害的小办法。

　　3.在孩子因为个性受到伤害时，父母要能够抚慰孩子受伤的心，告诉他，我们永远站在他这一边。

站在孩子身后，和孩子一起独立

让孩子独立，不是早点推孩子出门那么简单。在孩子没有获得足够的安全感之前，没有足够的辨别力之前，急于推孩子出门，就是破坏孩子的独立能力。

为了让孩子早日独立，很多父母都会告诉孩子：你要自己做；你要自己想；你要自己决定。在孩子遇到难题时，父母也是站在一边，置之不理。这其实是错的。

小冬子六岁的时候，在一个周末，跟着父亲去他的公司玩耍。父亲的公司在一个很高的商业大楼里，他们需要坐电梯到22层。

小冬子和父亲刚坐上电梯，父亲碰到一个朋友，两人聊得很开心。这时，小冬子的父亲接到一个电话。有人说在楼下找他谈点事。

父亲不想带着小冬子和人谈公事，就把小冬子托付给电梯里碰到的朋友，让他帮自己带一会孩子。

朋友很热情地答应了。可一会，他的电话响了，他忙于接电话。到了13层的时候，他就下了电梯，把小冬子给忘了。

小冬子发现没有到22层，就喊了那人一声。那个人没有听见。电梯关了。小冬子吓坏了。电梯里没有其他人，小冬子就在电梯里大哭。

一会儿，到了22层，电梯的门开了。小冬子更害怕了，不知道该怎么办。眼看着门徐徐又要关上，小冬子赶紧往外冲。

在往外冲的时候，身体与电梯门发生了碰撞，电梯哗啦啦又打开了。小冬子从来没有做过电梯，他更害怕了，就在那里更大声地哭。

可这是周末，楼里没有人。

过了很久，父亲和那个朋友都来到了22层，来找小冬子。小冬子已经哭累了，瘫倒在电梯门口。

虽然整个过程有惊无险，但这之后，小冬子就特别怕坐电梯，和父母亲出门的时候，也是紧紧抓住他们的手，一旦松开，他就会大哭大闹。

这个孩子就已经失去了安全感。在孩子感到恐惧、无措的时候，却不见父母的踪影，怎能让他不焦虑呢？

孩子的成长，必须要经历对父母的极度依赖，只有能让孩子产生信赖的父母，才有能让孩子产生信赖的社会。所以，不要急于推孩子出门。

虽然孩子具有很多让人惊叹的能力，我们不能过多插手，但这不意味着，就得早点把孩子推出门，让他一个人孤零零地面对陌生的社会。孩子毕竟是稚嫩的、脆弱的，没有父母的支持，他可能会一下子变得软弱无力，没有父母的抚慰，他可能会在阴暗里永远走不出来。在孩子的成长过程中，他们随时需要父母，只是这时候，我们做的不是教育，而是成为孩子的依靠。

成墨初老师的教育秘籍：

1.早日推孩子出门，早不是不可以，但我们至少要在旁边暗中保护，不至于让孩子受到心理伤害。

2.孩子走进社会的时候，都会遇到这样那样的挫折，此时，他需要我们的抚慰。不要唠叨孩子，只需告诉孩子：不怕，有爸爸妈妈在，你永远是安全的。

3.永远做细心的观察者，只要发现孩子有变化，就要和孩子沟通，看看孩子遇到了什么问题。但是在和孩子沟通的时候，不要强迫孩子。

4.给孩子某项权利的同时，要让孩子负一定的责任，以免孩子滥用权力。

5.给孩子权利的同时，要给孩子一些忠告和建议，以防孩子因为所得权利而受伤。这时候，孩子一般都会认真倾听，因为你对他表示信任，能给予他权利。

善用温水煮青蛙原理

在和孩子沟通时，可以利用温水煮青蛙原理，先给出一个孩子能接受的观点，然后据此慢慢渗透，让孩子一点一点接受你的思想，你的意见。

和孩子接触，不光需要爱，还需要智慧。如果做父母的"狡诈"一点，那么和孩子的关系就会好一点，对孩子的指导和教育，也就更有效一点。

莉莉刚上一年级，就缠着母亲，一定要给她买一个平板电脑。妈妈知道，她就是想看视频，但是莉莉不承认，她说："小朋友都有，我们老师也有，我们学习，就是用平板电脑才能做好。"

这当然是谎话，为的就是说服妈妈。妈妈岂有不知，但如果直接揭穿，莉莉会变得很没面子，还会恼羞成怒。

妈妈想了想，说："我们先把这个作为一个议题，在开家庭会议时提出来。你呢，这几天就搜集需要平板电脑的证据，我和你爸爸呢，就搜集不能使用的证据。"

"为什么你们是两个人，我是一个人？"莉莉很不解。

"因为我们两个人都不同意。"妈妈严肃地说。

"那好吧，但是如果我搜集的证据多于你们的，你们就得给我买。"

"不是证据多，而是证据有用。你得能说服我们才行。对了，我一会呢，要给你们老师打一个电话，把我的意思跟他说一下。还有，我也得给你同学张一的妈妈打个电话，我前天还听她说，坚决不能给孩子买平板电脑呢。"

妈妈一边说，一边开始翻找电话通讯录。

莉莉急了，赶紧说："哎呀，你先不用问老师了，也不用问张一妈妈了。我先去搜集证据，搜完证据咱们再说也不迟。"

"那好吧，听你的。"

虽然莉莉和母亲做了这个约定，但这之后很久，莉莉一直都没有提买平板电脑的事，她是担心妈妈真的会给老师打电话。

有些批评其实不用说，有些拒绝，其实也不用太直接。

孩子的无理取闹，总是会有破绽，用这些破绽来论证他的理论，往往就会出现矛盾。父母只需要把这个矛盾给孩子展示出来即可，进退由孩子自己选择。

小柏喜欢上了班里的女生小松，还给小松写了情书。收到情书后的小松，虽然极为忐忑，但还是接受了小柏。

小柏是班里的尖子生，学习成绩好，还是班里的篮球大将。暗中喜欢小柏的人有很多。这就是小松无法拒绝的原因。

小柏见对方答应，心花怒放，马上就提出，要和小松一起去郊游。小松犹豫了，就去问妈妈。

小松说："妈妈，你说在我们这个年龄，是不是男女生最好不要谈恋爱？"

妈妈一听小松这样说，心就咯噔一下，她害怕这事发生在自己女儿身上。但是她故意不动声色，说："谈恋爱也没有什么不好，但你知道什么是恋爱吗？"

小松笑了，说："谁不知道什么叫恋爱啊？"

"那你给我说说。"

"就是男生喜欢女生，会和她走得很近。哎呀，你当我是傻子，什么都不懂？这个，连三岁的小孩子都知道，好不好？"

"走得很近，是有多近？"

"这……我哪知道？"

"你知道两个刺猬取暖的故事吧。就是两个刺猬不能靠得太近，太近了就会扎伤对方。"

"哦。"

妈妈看了看小松，她低着头，似乎在想心事。妈妈拍了拍她的肩膀，没有再说下去。

如果妈妈直接对小松说"不可以"，那小松很可能会因为逆反心理而一定要做。

对待有一定判断能力而又处于叛逆期的孩子来说，以退为进，反而能让孩子认真倾听父母的话，并愿意接受父母的意见。

铁子是一个坏脾气的孩子，经常和同学打架。如果父母因为这个教训他，他就会和父母大吵大嚷，而且还会自伤。

铁子的妈妈最看不得铁子自伤，每次见铁子发脾气，就只好停下来。这样，很多问题都不了了之。

铁子妈妈可不想任铁子性格这么发展，她之所以按兵不动，是在想更好的办法。经过和铁子爸爸的协商，两个人最后确定了两个齐头并进的方案。

一个方案是，在铁子发脾气的时候，两人都保持沉默，直到铁子发过了火之后，两人再找铁子聊天，在聊天的过程中，让铁子自己承认错误。

另一个方案是，在平时的沟通和聊天中，就确定一个不发脾气的基调。遇到有人乱发脾气，夫妻两人就会哀叹说："乱发脾气不好，这是伤人伤己。"

铁子爸爸还用教科书里学来的钉钉子的方式，真的给铁子发了100个铁钉，告诉他，发一次脾气，就在木板上钉上铁钉。如果某次遇到很让人难过伤心的事，却没有发脾气，就可以拔掉一颗钉子。

这个方式对铁子还真的特别管用。大约一年的时间，铁子的脾气就变得温和多了。

改变孩子的某个坏习惯、坏行为，也需要慢慢来。先给孩子注入正确行为的做法，让孩子脑子中形成一个正确行为的形象，然后再使用技巧，让孩子监督自己。假以时日，孩子就会养成好习惯，只做正向的行为了。

虽然用的是"温水煮青蛙"的说法，但我们真正要的是慢慢渗透的思想，而不是要置于死地的结果。要想让孩子按照某个方向改变，父母一定要有耐心，要善于认同孩子，必要时，可以以退为进，给孩子回旋的余地。当然，这里有一个前提，那就是孩子得接受最后的结果，否则，孩子可能会更不认同父母，甚至因为父母的狡诈而和父母决裂。

成墨初老师的教育秘籍：

1.对于激进型的孩子，一定要使用迂回的方法进行教育。允许孩子表达自己的观点，在一定程度上可以表示认同，然后再据此制造一个理论矛盾，用此说服孩子。

2.如果你想让孩子接受你的意见，首先得让孩子接受你的思想。

3.改变孩子的坏习惯，一定要慢。

为何惩罚不起作用

对于孩子来说，父母的惩罚性管教手段是无效的，即使一时有用也不会长久。因为惩罚性管教只能从外部约束孩子，无法让孩子形成内在的自我约束和推动。

有一次，桐桐的表妹乐乐来我家玩，这可让桐桐高兴坏了。桐桐拿出自己平时珍藏的巧克力，邀请乐乐一起吃。

看到这么多巧克力，乐乐非常高兴。刚想拿起一块吃，突然又把手缩了回去，抬头朝妈妈看去。乐乐妈点头允许："只能吃一块。"

乐乐高兴得拿起巧克力，非常小心地品尝着。看得出来，乐乐非常喜欢吃巧克力，一块小小的巧克力，乐乐就吃了很长时间。

桐桐看乐乐吃完了，又递给了乐乐一块。乐乐很想接着，但看到妈妈严厉的眼神，只好谢绝了："不用了，我妈妈说了，巧克力吃多了不好，一块就够了。"

乐乐妈看着乐乐，满意地点点头，而乐乐则和桐桐一起去房间玩。

快到吃饭时间时，我去桐桐房间叫她和乐乐吃饭。推开房门，看见乐乐的嘴角沾着巧克力，一脸惊恐的表情。看到进屋里的人是我，乐乐才放下心来。

我故意问乐乐："乐乐，你怎么又吃巧克力了？不是说吃一块就够了吗？"

乐乐说："那是当着我妈的面故意说的。这么好吃的巧克力，平时在家都吃不到，吃一块怎么够啊？"

我故意打趣说："所以，你刚才看我进来，才这么害怕？"

乐乐有些不好意思地说："我以为是我妈妈呢。要是被妈妈看见我偷吃巧克力，一定又要罚我不准吃饭了。"

桐桐有些同情地看着乐乐，然后对我说："爸爸，你不要把乐乐吃巧克力的事情告诉她妈妈啊，乐乐真可怜。"

我点点头，心里暗想：乐乐妈用惩罚的手段让乐乐服从她的安排，却没有想过，当她的惩罚不存在时，乐乐会照样"犯错"。

当孩子犯了错，有些父母最开始想到的就是惩罚孩子，希望用惩罚震慑孩子，给孩子一定的压力，让孩子学会约束自己的不当言行。

但是，惩罚只能给孩子一时的外部约束力。当约束力不存在时，孩子又会恢复以往的状态，这样的管教显然是无效的。

这几年，我一个要好的朋友赵伦在有了儿子后，总是过得非常快乐。可是最近，赵伦却总是向我念叨，儿子宝宝总是挑食，怎么劝都没用。

那天，我去赵伦家吃饭，目睹了他教育儿子的经过。

餐桌上，赵伦妻子夹起一块带鱼，仔细地将带鱼肉从鱼刺上夹下来，放到儿子的碗里。可宝宝却用手把鱼扔到了桌子上。

赵伦妻子非但不生气，还笑呵呵地继续给儿子剔鱼刺，继续把鱼肉放到儿子碗里："宝宝，吃鱼，吃鱼能长高。"

宝宝还是一点都不配合，抓起鱼肉扔到了菜汤里。赵伦生气了："你这孩子，鱼不吃、肉不吃，你干脆连饭也别吃好了！"

宝宝被赵伦的呵斥声吓到了，大气都不敢出。

赵伦不满地对妻子说："你不要总是惯着他，这么小的小孩就开始惯着，什么时候是个头啊？"

然后，赵伦又对宝宝说："你不想吃鱼对不对？好，那这顿饭你就不要吃了，回你房间反省去。"

宝宝看了一眼一脸严肃的爸爸，又看了一眼妈妈，然后哭着回房了。

我暗暗想：宝宝现在肯定很难过，也有些害怕，在这种情绪下，他怎么可能反省自己有没有做错呢？下次又怎么会主动改正呢？

惩罚会让孩子一直处于愤怒、恐惧和被伤害的情绪中，这些情绪会阻碍孩子的学习，让孩子依旧原地踏步。

惩罚会阻碍孩子学习和改正的积极性，即使孩子迫于权威，暂时规范了自己的行为，因为认识不到自己的错误，在习惯的支配下，也还会持续犯错。

有一段时间，桐桐迷上了看漫画书。

因为怕影响桐桐的视力和学习，每次桐桐看书看晚了，妻子都会冲进桐桐的房间，毫不留情地收走桐桐的漫画书，强迫她睡觉。

最开始，桐桐还很听话，可不久就出了问题。

那一晚，妻子起床去客厅喝水，结果发现桐桐房间的灯还亮着。推开房门一看，桐桐居然在偷偷看漫画书。

妻子气不打一处来，也不管时间是否合适，直接开始批评桐桐。

我被争吵声吵醒，来到桐桐房间，就听见桐桐对妻子说："我就是不困，不想睡觉，你干嘛非要强迫我睡觉啊？"

我看了看桐桐桌上的小闹钟，已经快十二点了。

我拦住妻子，告诉她不要吵到邻居休息。同时，笑着对桐桐说："桐桐，看书是你的自由，爸爸妈妈不会拦着。可你要知道，如果你因为睡眠不足导致上课没精神，被老师批评，被同学取笑，你回家可不要怪爸爸妈妈没有提醒你啊。"

桐桐听了，犹豫了一下，可还是逞强说："我不会没精神的，我就要看书。"

我笑了笑，没有再说什么，拉着妻子离开了。

后来，我偷偷观察了一下，桐桐屋里的灯开了不到一分钟，就关了。

很显然，妻子的惩罚对桐桐来说早就失去了效力，桐桐甚至研发了特殊的看书方法应对妈妈的检查。

可当我把只顾看漫画书不休息的坏处说给桐桐听了以后，桐桐开始进行思考了，在自己的判断下，选择睡觉而不是继续看漫画书，这就是非惩罚性教育的效果。

惩罚并不是万能药，当父母对孩子的惩罚的时间长了以后，孩子就会对这种惩罚适应了，甚至会想出其他招数应对父母的惩罚。

想要让孩子改正错误，或者进行正确的行为，父母需要把其中的道理讲给孩子听，而不是直接采用惩罚的手段，这样的教育比惩罚更好。

惩罚当然能给孩子压力，但是这种外部的压力如果处理不好，很容易让孩子的心灵受到伤害，让孩子的行为继续恶化。

不要用惩罚性的手段管教孩子，多一些耐心，多给孩子一些机会，多尝试一些非惩罚性的方法，教育效果才能持续长久。

成墨初老师的教育秘籍：

1.父母教育孩子，本意都是好的，但应该慎重选择教育孩子的方式，禁止惩罚孩子，更不要当众不给孩子留一点余地，伤害孩子的自尊。

2.用说理的方式教育孩子，会使孩子明白事理的同时改正自己的错误，而惩罚孩子却永远达不到这样的效果。

3.对孩子进行赏识教育，让孩子体会到父母对自己无条件的爱。即使孩子感到改变不良习性很难，但为了疼爱自己的父母，也会慢慢收敛自己不好的行为。

弥补先天不足

对于孩子的缺点和不足，你需要头脑冷静，搞清楚全面情况，弄明白所有原因，然后针对孩子的问题，找出最佳的解决方式，这样才能有效地引导孩子尽快改正缺点、丢掉毛病。

一天，我给桐桐讲故事，说到一个人做坏事时，桐桐接口道："他妈的，这个人真坏。"

我听后，一下子愣住了。桐桐怎么学会了骂人！而且是这么难听的一句话。

"桐桐，你刚才说什么？"我问她。"爸爸，没说什么，就说故事里那个人坏啊！"

桐桐一点都没有意识到她骂人的话，为了避免强化桐桐，我没有再提起，只是开始每天留心她说话。

这一留心，把我吓了一跳，桐桐不仅每天都说"他妈的"这三个字，而且讲得十分频繁，几乎成了她的口头禅。

桐桐学会了骂人，对于孩子的这个缺点，我深恶痛绝。但是，我知道桐桐并不了解这句话代表的意义，她可能是因为看到某人这样讲，觉得好玩，就学会了。

所以，我没有直接批评桐桐，只是告诉她那是句骂人的脏话，警告她以后不要再说。

桐桐听了我的解释，就开始有意识地避免。有时候控制不住自己，偶尔也会说一次。

我知道孩子已经有意识地纠正，所以听到后只是提醒。不久，桐桐就不再说这句脏话了。

孩子小时候，最喜欢模仿。有可能因此学会了一些脏话，有了一些不良的行为。而孩子，可能根本不知道脏话的意义，意识不到不良行为的严重性。

所以，对于孩子的缺点，你不要盲目地去指责，而要耐心地做出解释，给孩子指出正确的方式，这样孩子才能慢慢地克服不良的习惯，改掉身上的缺点。

常听人说，不管自己如何努力，孩子的缺点就像顽疾，好像沾到了孩子身上，怎么都去除不了！

我相信会有这样的现象，但之所以出现这种不良的结果，有可能是因为你的方式不对，孩子故意与你作对导致。

前段时间，我收到一封信，信件的内容，可以找到有些父母教育孩子没有效果的原因。

信由一个叫小明的孩子所写，内容是这样的：

成墨初叔叔：

我叫小明，今年读小学四年级，因为我把妈妈新买的钢笔弄丢了，就向妈妈要钱再买一支，结果她不仅没给我钱，还把我大骂了一顿，说我是个败家子。我心里十分委屈，您说不小心丢了钢笔，怎么就成了一个败家子了呢？

我心里委屈，既然说我是个败家子，我就做败家子的样给她看。以后我就有意识地把东西弄丢，比如前天，我就把书包故意扔掉了，回家告诉妈妈书包被人偷走了。看着妈妈暴跳如雷的模样，我心里竟然有种莫名的快感。

其实说真的，我也并不想这样做，不愿惹妈妈生气，但一想到她那样骂我，我就不由自主地想与她作对……

不知道，你是否也做过类似的事情，在孩子一次失误之后，就把一个坏帽子扣在了孩子头上，导致孩子厌烦，从而产生作对的心理。结果，很可能孩子的一次失误，就真的演变成了终身的毛病。

所以，不管孩子做错什么事情，有什么缺点毛病，要在批评孩子的时候，只对事，不对人，避免对孩子进行人身方面的攻击。

对于孩子的缺点，有些父母方法不当，有可能还会使孩子衍生出另外的缺点。

我的老同学秦军的儿子壮壮，喜欢打游戏。有次放学后，他到游戏厅玩了会才回家。

同学秦军见孩子没有按往常的时间回家，就问他到哪里去了。壮壮很诚实，说打游戏去了。朋友很生气，把儿子揪过来就狠狠地揍了一顿。

这次挨打的教训，对壮壮的影响很大。他不想再挨打，又经受不住游戏的诱惑。于是，又一次去打游戏回家晚的时候，壮壮就开始撒谎，告诉爸爸说老师留下自己补课了。

秦军信以为真，孩子逃脱了一次挨揍。从此之后，壮壮打游戏变得频繁，撒谎的次数也越来越多。与此同时，他的成绩也在迅速地下降。

直到此时，秦军才意识到孩子多次回家晚有可能是打游戏了。但是，孩子撒谎已经养成了习惯，成绩下降也成了事实，而且对游戏的瘾头也更大。

为此，朋友懊悔不已。

所以，父母要正确对待孩子的缺点和不足，帮助孩子改掉缺点、弥补不足，而不是利用打骂的方式进行教育。

对于孩子的缺点，你需要头脑冷静，搞清楚全面情况，弄明白所有原因，然后针对孩子的问题，找出最佳的解决方式，这样才能有效地引导孩子尽快改正缺点、丢掉毛病。

否则，一见孩子犯错，或者身上有什么缺点，你就火冒三丈，不管三七二十一，对孩子不是打就是骂，自认为这样能收到良好的效果，但结果往往会事与愿违，甚至会使孩子身上的缺点增多。

成墨初老师的教育秘籍：

1.孩子生来就不同，孩子的某些不足可能是他的个性所致，这不完全是他自己能够控制的。所以，父母不能以"孩子不应该这样"的想法来教育孩子，而是要同情孩子的不足。

2.孩子会特别敏感自己的糗事、隐私，如果被公之于众，会认为受到了莫大的侮辱。父母一定要为孩子顾全面子，孩子会更乐意改错。

3.孩子喜欢父母夸赞自己，孩子的不足也需要在父母的夸赞声中才能得到有效的弥补。给孩子积极的暗示，引导孩子一步步弥补不足。

多用延迟满足，允许即刻剥夺

延迟满足，可以锤炼孩子的耐心，让孩子把目光放得很长远；而即刻剥夺，可以让孩子学会谨慎，学会自我反省。

所有的孩子，都会臣服于一种东西，那就是自己的需求，或者说欲望。这种需求的满足和被剥夺，不但会影响着孩子的情绪，还会影响孩子的人生观。但怎么满足，怎么剥夺，却是一个很值得探讨的问题。

鱼鱼家的石榴开花了，看着那橘红色的漂亮花瓣，鱼鱼兴奋极了，他对妈妈说："这石榴都已经开花了，那是不是很快就要结果了？我好想要吃石榴！"

妈妈说："小馋猫，结果还得等好久呢。你要耐心等待哦。"

鱼鱼嘟起了嘴，喃喃道："哦，好久哦。"

鱼鱼伸手在地上捡了一根掉落的树枝，在地上乱画了几下，他忽然想起什么，又回头问妈妈："好久是是多久啊？一分钟？两分钟，还是一百分钟？"

妈妈笑了，说："得要好几个月呢！"

"几个月啊！"鱼鱼有点沮丧，一分钟对于他来说已经足够长，还要等好几个月，这不是折磨人嘛。

妈妈安慰他说："几个月也很快啊。妈妈教你，你可以用小铅笔在树上画线，每天画一条，每一条都要紧挨着，当你画到和你一般高了，石榴就熟了。"

"哦，好。"鱼鱼又高兴起来，他马上回屋里，找到一跟铅笔，又跑回院子，认真地在树上画了一条线。

时光荏苒，岁月如梭。鱼鱼的日子，过了最初那难熬的几天后，就慢慢去掉了那种心焦感。每天，他只是画上那条线，看看石榴，就继续玩其他的事情了。

有一天，鱼鱼还没有起床，就听妈妈喊着："鱼鱼，鱼鱼，你看石榴熟了。快起床来吃石榴啊。"

鱼鱼腾地一下坐起来，他揉了揉眼睛，只见妈妈已经把一个大红石榴放在他的眼前。鱼鱼兴奋地双手抱住了石榴。他忽然又问道："妈妈，不对啊，那个线还没有我高啊？"

"嗯，可能是石榴树看鱼鱼每天都很辛苦地等待，就说：'我们早点熟吧，好早点让鱼鱼吃上石榴。'"

鱼鱼高兴地在床上蹦了起来。

我们都有这样的经验，孩子特别怕等待，时间对他来说总是显得漫长。如果一个事情被拖到很久很久以后，他就会变得很烦躁，很难过。但很多时候，我们什么都做不了，只有等待。

同样的石榴，一个是每天等待它长大，最后终于成熟的，一个是从市场里买来的。孩子就会更喜欢前者，因为在孩子的脑海里，前者才与他是一起的。

没有时间观念的孩子，会在延迟等待中会学会忍耐，学会理解不同层次时间的意义。尽管很难熬，但熬过，孩子就会感觉很兴奋，很有成就感。

◆◇◇◆◇◇◆◇◇

小晴一家虽然生活在城市里，但他们的生活水平很低，除了生活必需品之外，就不会再进行其他消费。

一天，小晴和朋友在一家书店里看到一本武侠小说。小晴只是随手翻了一下，但她马上就被里面的故事情节吸引住了。

她一口气翻下去，欲罢不能。直到同学们喊着要走了，小晴才恋恋不舍地把书放回书架上。

回家之后，小晴一直在想这本书，有点魂不守舍。小晴的妈妈见她如此，就问她怎么了。小晴支吾了半天，心下一横，就直接跟妈妈摊牌了，她的意思是，摊牌之后，请求妈妈给自己买一本。

但小晴想错了，别说是武侠小说，就是课堂外用的练习题，小晴的父母还得考虑再三才能做决定呢。小晴的妈妈毫不犹豫地拒绝了，她说："你怎么那么没心没肺的，我和你爸为了咱家的生活，已经够辛苦了，还要让我们给你买武侠小说？"

生活在贫困家庭中的孩子，提出一个要求本来就需要一定的勇气，一旦遭遇拒绝就会觉得特别愧疚。小晴也是如此，她不但愧疚，而且难过。

小晴的妈妈见她如此，又说："别让我看见你那个样子了。你要是真想买，就自己想办法去。"

妈妈只是无心之语，却启发了小晴的思路，她马上想到，有同学在暑假的时候，到处捡废品，攒零花钱。

小晴马上做了个决定，以后放学后用一小时的时间，到处就搜集废品，周末抽出一天到附近去捡废品。

但废品不好捡，而且捡一个瓶子，也就收获一毛钱，而那本书得要30元钱，这就得需要捡三百个瓶子。

小晴有些捺不住，就趁捡废品的空当，继续到那个书店里去读书。

一个月后，小晴放暑假了，她的零钱已经攒到了20元钱，但她已经不需要那本书了，因为她已经看完那本书了。

不过，一进入暑假，小晴还是继续实行自己的计划。因为她想，没准，我又看到其他的喜欢的东西了，只要我手里有钱，我就可以自己做决定了。

在这次延迟满足中，小晴有两种收获，除了自力更生之外，她还享受了认真读书的乐趣。还记得袁枚的《黄生借书说》吧，不是自己的，阅读起来就会很认真，很贪婪，很珍惜书本。

即使你完全可以满足孩子的需求，最好也要能延迟孩子的满足。等待会激发孩子的思维，让孩子想出自我解决的办法来。

◆ ◇ ◆ ◇ ◇ ◆ ◇ ◇

小言爱上了QQ宠物，一放学后，她首先要在电脑前面玩一会QQ宠物，或者搜索QQ图库，给自己换装，然后才能安心做作业。

小言的妈妈认为这个游戏对她毫无意义，多次劝她不要玩了，她都不愿意放弃这个爱好。

一天，小言的作业不多，她特兴奋，心想：这下可以多一点时间玩QQ宠物了。可是一玩起来，小言就忘了时间。加之那天小言的爸爸妈妈都有事，到了九点左右，两人才双双归来。

小言的爸爸妈妈进门见屋里黑着灯，吓了一跳，赶紧喊小言。小言这才意识到时间已经很晚了。

这时妈妈已经进屋里来了，她看到屋里也是一片漆黑，只有小言的电脑那是亮的。小言正从电脑前面抬起头来，她的脸被电脑屏幕的光亮一映，显得特别诡异。

妈妈打开灯，问道："你一直在玩电脑？你做完作业了吗？"

小言支支吾吾，不敢说话。

爸爸生气了，说："你居然为了玩游戏，就一直坐在电脑前面。不行。我要马上把你的网络断掉。"

有人可能会问：不是说要等待吗，等待孩子自己认错。这个问题，不能等待孩子自己意识到吗？

关于这个问题，有两种方式，两种结果。一，等待孩子，让自然结果惩罚他。二，马上采取行动，让孩子认识到错误。这里要选择后者，为什么呢？

因为关于玩游戏的问题，自然结果的惩罚可能来得晚一些。比如，视力的下降，脊椎的变型，大脑的麻木，这些都是在不知不觉中产生的。孩子可能感觉不到。

如果父母一直用规则来约束孩子，并在孩子犯错后立刻予以权利的剥夺，孩子会进行自我反省。不过，剥夺的时间不要过长，在还给孩子权利的时候，最好是对孩子约法三章，给孩子一个底线，帮助孩子进行自我监督。

该伸手时，不能犹豫；在该放手时，必须忍心，这就是三分教、七分等的基本原则。当然，大多数情况下，都适宜于选择延迟满足，而即刻剥夺的使用，需要谨慎。对于孩子过分强烈而又偏激的欲望，要使用即刻剥夺，但切不可让孩子没有退路，否则孩子可能会实行绝地反击，让你的教育无的放矢。

成墨初老师的教育秘籍：

1.把孩子的需要分成四个象限，一个是紧急但不重要，一个是重要但不紧急，一个是既紧急又重要，一个是不重要也不紧急。

2.紧急但不重要的，可以满足，但要小满足；紧急又重要的，一定要满足；其他的可以使用延迟满足。

3.重要但不紧急的，可以使用即刻剥夺。

拉长焦距，解读孩子

要想读懂孩子，我们就得清空自己的全部思想，回到童年，回到孩子的那个年龄段，和他没心没肺地一起成长。

在桐桐的成长过程中，我经常会感到困惑。有时，我觉得我是一个称职的父亲，能了解桐桐的一切；但有时，我却发现，我根本就不知道她在想什么。

桐桐八岁那年的一天，桐桐还没有放学，我通过一个同事知道了一件事，同事说他路过桐桐的学校，看到桐桐被一个男孩子打了。

我当时心急火燎，连工作都不做了，就跑去学校。可是到了学校门口之后，我又回来了，我想，如果真是有事，学校肯定就会给我打电话了。

我按耐下焦急的心，回到家里，等着桐桐回来。

过了很久，桐桐终于回来了，她一进屋，我就看见她右侧脸有一块青痕，我实在忍不住了，就过来问道："你这脸是怎么了？"

桐桐把我伸过来的手一打，说："没事，没事，就是自己碰了一下。"

我一愣，同事明明说是被一个男孩打了，她怎么说是自己碰的呢。我不动声色，问她："碰在哪里了？是怎么碰的？"

桐桐皱了皱眉头，说："你就不要问了，我今天作业很多，我得做作业了。"

桐桐说着，就走到她书桌边去做作业。

我越加疑惑，却只好耐着性子，等待桐桐做完作业。但我还是在桐桐写作业的时候，给桐桐送进了一杯水去。

桐桐怪异地看了我一眼，说："奇怪啊？！"

"怎么奇怪了？"

"我写作业的时候，你从来都是主张不打扰的，而且，你很少给我倒水啊。倒水的都是我奶奶。"

我说："关心一下你嘛。"

桐桐说："放心吧，老爸，你去工作你的吧。我都不让奶奶照顾我了，难道还要让你来照顾我吗？"

我还是不放心，但也不敢在旁边干扰。只好继续等待。

那个晚上，桐桐始终没有给我问话的机会。妈妈和奶奶都问过桐桐青痕的事，但都被桐桐轻描淡写地糊弄过去了。

我一直也放心不下这件事，就悄悄去找嘉嘉，问她桐桐到底在学校发生了什么事。嘉嘉笑着说："没发生什么，就是被一个淘气的男生给踢着了，不过那个男生不是故意的。他踢完之后一个劲道歉，让桐桐不要跟别人说，免得他挨批。"

我恍然大悟，忽然觉得特别感动，原来我的小丫头，已经长大了，这么懂事了。

你有没有这样的一刻，在担心孩子受伤，担心孩子学坏，但是孩子却什么事都没有，只是按照他的思维，享受着他的美好时代？

读懂孩子其实不难，即使偶尔有不明白的时刻，也无需着急。只要慢慢等待，孩子总会用语言或者行为为你解读他的心理，你只需要多一些关注就可以了。

终于放暑假了，房子像是从笼子里逃脱的小鸟，特别地兴奋。

回到家之后，房子就跟妈妈爸爸约法三章，他说："你们不要管我，我一定要好好地玩上十天，然后再做作业。"

妈妈不同意，说："不能一下子就放了羊，那样你以后心都不好收。"

房子半央求半威胁地说道："你放心吧，我会收回来的。你要是不让我玩，我就会玩得更疯，都不收。"

房子的爸妈都是上班族，他们上了班之后，也没法控制房子。

就这样，放假的前十天，房子几乎是玩疯了，他看电视，玩电脑，打游戏，颠倒黑白，日睡夜玩。

房子妈妈实在看不惯了，就跟爸爸商量，要把房子送进托管学校。房子一听，赶紧说："别别别，相信我，我都这么大了，我有自制力，从明天开始，我晚上按时睡觉，白天玩四个小时电脑，写一个小时作业，做一个小时家务。"

条件倒是挺诱人，可他能做到吗？房子的妈妈表示怀疑。但房子的爸爸说："没关系，咱们看看儿子明天的表现再说。"

第二天，房子的妈妈还是有点不放心，她上班之后就往家里打了个电话，只几秒钟的时间，房子就接了电话，妈妈问他："你起床没有？玩电脑呢吗？要先写作业，知道不？"

房子很不耐烦，说："我没起床怎么会跟你说话？我已经跟你说了，晚上让你检查作业，你就别老给打电话了。"

说完，房子就挂了电话。房子的妈妈气得骂了一句。

中午吃饭的时候，房子的妈妈还是忍不住，又给房子打了一个电话，很久，都没有人接。房子的妈妈很生气，自言自语地说："瞧见没？露出本相了。肯定是玩电脑呢。"

又过了半个小时，房子的妈妈又打电话，还是没人接，房子的妈妈有些慌了，不知道孩子是否发生了什么事情。

就在这时，房子的爸爸来电话了。一接通电话，房子的妈妈就焦急地说："房子不接电话，也不知道怎么了，我是不是要回家看看？"

房子爸爸说："房子刚给我打电话了，他告诉我，你老查岗，他不喜欢。他已经把作业做完了，现在正在做家务。"

房子的妈妈这才长舒了一口气，不过想想儿子居然不接自己的电话，而是打电话向爸爸汇报，又生起气来。

为什么房子不接妈妈的电话，反而给爸爸打电话，汇报情况？

孩子是聪明的，他会选择信任自己的、给自己自由度的家长来信任。对于孩子来说，能忍耐、能信任自己的那个家长，才是最了解自己的。而他，也会愿意让家长了解他。

勤勤的妈妈刚进家，就有人粗暴地按门铃，勤勤妈妈打开门一看，是楼下的奶奶。

老太太样子很凶，说话也很不客气，她说："告诉你家孩子，不要在中午的时候大叫大嚷，我中午得睡觉，我还有心脏病，我要是病了，你给治啊？"

老太太是出了名的坏脾气，经常敲各家的房门，让别人保持安静。但勤勤妈妈不想惹老太太，她连连点头，说："好的，我一定告诉孩子。"

老太太走了，勤勤妈妈关上房门。勤勤忽然从身后跳出来，说："妈妈，我根本就没有大叫大嚷。"

勤勤妈妈说："我当然知道你不会那么大叫大嚷了。因为中午，你姥姥也会睡觉。你是个孝顺孩子，你从来不会吵姥姥。而且，你说话从来都是细声慢语的，怎么会大叫大嚷呢？所以你看，奶奶过来找你，我都没把你找出来，训你啊。"

勤勤一听，感觉很高兴，她搂着妈妈说："妈妈就是好。"

妈妈说："你和妈妈是母女连心，你想什么我都知道，你做什么我也明白你的意思。"

"真的吗？那你为什么这么懂我？"勤勤说完，亲了妈妈一下。

"因为我眼睛一直看着你啊。"

只有像勤勤妈妈这样对孩子了如指掌的家长，才不会误会孩子。

当孩子遇到一些恶性评价时，我们要能辩证地分析问题，不能偏听一面之词。为了能更好地了解孩子，我们平时就要注意观察孩子，勘测他的品质形成倾向。

读懂孩子，看似简单，实则很难，而且随着孩子年龄越来越大，随着孩子接触社会的层面越来越多，我们和孩子的脱节会越来越多。这就要求我们要能做一个心细的观察者，还要随时能根据孩子的变化，改变自己的角色，陪孩子的"心"一起走每一段岁月，直到他长大。

成墨初老师的教育秘籍：

1.不要用自己的思想，去衡量孩子的思想。

2.不要用一般孩子的思路，去解读自己孩子的思路。

3.给孩子最大的自由空间，让孩子看到你对他的信任，让他把你当成朋友，当成一个愿意倾诉心事的朋友。

4.读不懂孩子的时候，先要停下来等等，孩子稍后总会对此有一个解读。即使不是通过语言，也会通过行为。

第八章

无条件养育，

删除过多的愿景和追求

现在的父母都很聪明，知道等待的重要意义。但是对于三分和七分的程度界定，却很少有人能把控精确。

大多数时候，大多数人，都是教得多一些，等得少一些。这是因为我们常把教育孩子当成一种投资，或者当成一个家庭的希望，甚至是唯一希望。

孩子成了光宗耀祖的工具，我们很难去真正关注孩子的内心，很难停下来享受孩子的自然成长，或者说，很难允许平白直叙、毫无亮点的成长。

不但如此，在这种功利思想的影响下，我们的教育方式还会产生差错，我们会站在孩子的对立面，为孩子灌输一个成功目标，一个奋斗思想，必要时，对孩子施行严厉的惩罚。

一个人这样，我们可以说他自私，但整个社会的基调都是如此，那么我们就很难撼动这种危害孩子的教育理念。

但终究会有父母觉醒，愿意把孩子的人生归还给孩子自己。如果你也愿意，那么就请对孩子进行无条件养育，删除过多的愿景和追求，特别是粉饰我们自己的愿景和追求。

成功永远都不是最重要的东西

成功本身是一个很宽泛的概念，它不但指功成名就，还包括获得一种安稳而适合自己的生活方式，也包括失败后的淡定和从容。从这个意义上讲，每一刻，孩子都在成功。

对孩子来说，成功应该是一个状态，而不应该是一个目标，尤其是无法企及的目标。所谓状态，应该是随时都能感受到自己的存在，随时都觉得很安然，又有坚定不移的奋斗目标，以及坚持不懈的毅力。如果父母把成功当成一个目标，那么孩子就不会有成功的状态。

小智的妈妈是一个钢琴老师，她一直想要把小智培养成一个著名的钢琴家，就像朗朗、就像李云迪。为了达到这个目标，小智的妈妈可是没少下功夫。十月怀胎时，她就不停地弹琴，希望打开小智的耳朵。

这一招似乎很管用，小智出生后，的确对钢琴声格外敏感，而且一听到优美而舒缓的旋律，他就会手舞足蹈。这就更加坚定了小智妈妈的信心。小智刚会走路，妈妈就把小智抱到钢琴边，让他触摸黑白色的琴键。小智不明所以，一碰之下，钢琴发出了一个声音，小智吓一跳，但这引发了他的好奇，他慢慢用手去摸，去戳，去砸。一有声音，他就会特兴奋。

稍微大一点，妈妈就把小智放在钢琴旁，教给他基本的指法。小智只是想听声音，对指法没有什么兴趣。妈妈教了好久，小智也没有多少改进。妈妈有些焦躁，就强迫小智学习。

随着年纪的增长，小智慢慢领悟了妈妈的意图，开始认真在琴键上作业。

此时，妈妈又给小智增加任务，一个月内就弹一首曲子，每天要弹一个小时。

小智厌烦极了，本来美好的钢琴声音，一下子变得非常可憎。但妈妈对小智的管教格外严格，根本就不容许小智有丝毫懈怠。

也许是功夫不负有心人吧，小智刚上四年级，就已经获得了钢琴八级证书。但就这样，小智的妈妈还是不满足，她希望小智有更多的机会，能被更多的人认可。

为此，小智的妈妈一边继续教小智学习钢琴，一边为小智安排各种演出机会。此时，小智已经疲惫不堪，对钢琴的厌倦也已经达到顶峰，但小智的妈妈却浑然未觉。

在小智妈妈不懈的努力下，小智终于获得了在电视台演奏的机会。小智妈妈兴高采烈地准备着，但小智却无心练琴，他在思索如何对付妈妈。

演奏那天，所有的灯光都集中在了小智身上，导演喊了"开始"，只见小智抢起双拳，朝着琴键就狠命砸下去，一边砸一边还说："什么是美的？没有什么是美的！所有的美，都包含着丑。"

这样的故事屡见不鲜！但成功似乎就是一个魔咒，我们总是无法摆脱它的驾驭和束缚。

孩子并非不想成功，他甚至和父母一样，对美好未来充满憧憬。可是如果这成功是在外界的不断加压和强迫之下得到的，那么孩子就会迷失自己，排斥成功。

小羽和小智不一样，她非常痴迷于成功，她是班里的学习尖子，还是一班之长，还是作文标兵。

小羽的妈妈每次看到小羽写的文章都会大加赞扬："哎呀，瞧瞧，我姑娘这文章写的，这将来肯定是作家的料。来，这是妈妈给你的奖励，一定要好好写啊，争取早日成为作家。"

"成为作家"，小羽内心一动。她一下子看到了一个七彩亮光，以及光环下的自己。她下定决心，一定要写出好文章，一定要早日在杂志书刊上发表自己的文章。

小羽拿出自己的日记本，在扉页上写道：完成作家梦。然后在下面又用彩笔补充道：每天至少两篇文章。

目标制定的当天，小羽一口气就写了三篇文章。写完后，她长出一口气，翻来覆去看了几遍，越看越爱，越看越觉得自己有才。

这之后，小羽一直坚持写文章，可是几天之后，她就觉得有点词穷，没有那么多新鲜而有趣的故事可写。

但目标在，不能马虎。小羽就硬着头皮写，写完了，总是不满意，又开始修改。每次花在写文章上的功夫都会很长。

一个月之后，小羽从自己的文章里选出几篇特别新颖的，给几个杂志和报刊投稿。

投完稿之后，小羽特别忐忑，每天都盼着收到回信。在焦灼的期盼中，她更加努力地写稿。一边写，一边说："我要成为作家，我要成为作家。"

又过了一个月，小羽没有收到任何回信。小羽有些沮丧，再写稿子的时候，就有些懈怠。

又过了一个月，投稿信如石沉大海。小羽彻底绝望了，她把笔一扔，说："什么作家，我根本就不是作家的料。"

你说小羽真就不是当作家的料吗？说这话，未免太早。一个孩子到底有多大的潜力谁都不知道。可是如果小羽现在就放弃，那她肯定成不了作家，那就悲剧了。

当孩子把成功当成唯一的目标时，他的眼里只有耀眼的辉煌，而不会有做事的快感。即使有，也都是憧憬虚假的辉煌的快感。这对于孩子的成长极为不利，一旦失败，他就会对自己失去信心。

小进上三年级的时候，父母带着他参加一个电视台的选秀节目，他使出浑身解数，又唱又跳。几乎所有的评委都很看好他，他一下子成了当晚的靓点，还成了新闻媒体的宠儿。

之后，小进又参加了几次类似的选秀节目，同样大受好评。别人削尖了脑袋也钻不进去的圈子，他却轻而易举地就在里面占据了一席之地。

小进的父母特别高兴，特别是周围的人一见到小进就喊"大明星"，甚至有人要小进的签名，两个人更加心花怒放。

鲜花越多，掌声越大，小进就越不知道自己身在何处了。而小进的父母也并没有丝毫的警醒，反而鼓励小进继续参加这样的选秀节目，积累名气。

小进越来越大，资历很老，但能力却丝毫未见增长。萌态消失后，小进身上的亮点越来越少，特别是到了变声期后，小进的声音变得大不如前。

不久，小进就彻底从圈子里被挤出来了。而此时，他学校的功课也已经扔掉很多。一时间，小进感觉生活一下子就在他面前拉上了一层厚厚的大黑幕。

小进开始摔东西、绝食，甚至还大哭大闹着要跳楼。他的父母这才意识到在小进前进的道路上，好像少给了他一些东西。

成功绝不只是暂时的辉煌，更应该是一个持续的过程。过于沉迷于辉煌，就会失去持续的能力。

成功应该是一个持续的状态，这不但从成就上来说，还应该从个人的精神状态来说。真正意义上的成功，应该是一个永远相信自己，永远不让自己没有目标和方向的状态。

世俗意义上的成功，只是达到某个顶点，并因此而获得的荣誉和赞誉。如果我们把这种成功作为孩子的奋斗目标，那么就容易限制孩子的人生境界。但有人说，每一个少年的成长，都需要成功的滋润。其实，成长在自由的奋斗中，每时每刻都能享受到成功的滋润。这个成功，是一个小点的突破，是一个新点的发现，是一个微妙的创意，是一个来之不易的反省。每一种都能给孩子带来成功的满足感。

成墨初老师的教育秘籍：

1.孩子可以有一个专一的目标，但不能把这个目标定得过于功利化。

2.孩子喜欢某种东西，不一定非得得到权威人士的肯定。只要自己喜欢，认真研读，很可能会超越权威。

3.父母不要为了自己的面子，而强迫孩子树立某种目标。

4.不要把成功看成一个点，而应该让它成为孩子一直保持的精神状态。因此，在某一刻成功之后，要帮助孩子放下辉煌。

当你面对老师的督促，该怎么办

总有一些不负责任的老师，是为了教学任务而教学。面对这样老师的催促，我们要耐得住，坚持做孩子的保护伞。

经常听一些家长说：大家都这样，你不这样，就落后了，肯定就得被老师批评，不得已，只好随大流，让孩子按照规则走。其实这是家长的一种懒惰，一种懦弱。你的这种懦弱和懒惰很可能会毁掉孩子。

然然的班主任老师在网络上召开家长会议，宣布了她的想法：现在学校要求减负，孩子的作业量留不够，孩子练习得少，知识不易巩固，如果你们想要让孩子学好，那么可以自己买一些练习书，我会给你们几个参考。

尽管班主任老师说得很客气，也希望能为孩子减负，但是大家都听出了她的本意。她希望家长们能自发要求老师留作业。

家委会的人马上响应了老师的这一号召。在家委会的带动下，大多数家长都积极表示，愿意给孩子买练习册。

然然的妈妈当然也希望孩子有练习题做。光靠书本的那几道题，的确无法巩固孩子的记忆。但她一看老师给的练习题，又觉得量太多。这些练习册，和去年都一样，她看过孩子的练习，很多题目都是重复，似乎意义不大。因此她没有表态。

几分钟之后，然然的老师就发来了微信，她问然然的妈妈："难道你不希望你的孩子学好吗？"气势十足，完全没有商量的余地。

然然妈妈一看，害怕因为自己的决定，而影响孩子在老师眼里的形象，就赶紧说："我同意同意，完全同意，只是刚接了个电话，没有来得及说话。"

说完之后，然然妈妈赶紧在班级论坛上发表意见，表示同意。

如果你是然然妈妈，你会怎么想呢？你会屈服于老师的决定吗？

我特别能理解然然妈妈，很多孩子，就是因为父母没有和老师处好关系，就被老师另眼看待。孩子的心总是脆弱的，一旦不被老师看好，就会失去自信。

如果老师真是这样，我们又无法改变他，那么我们还是有方法的。我们和孩子朝夕相处，最了解孩子。我们应该根据孩子的情况，适当减少作业量，在必要的时候，可以辅导他做一些重复而没有意义的题目。

如果老师错误的意见你无法反驳，也不敢反驳，那么你就要去想一个两全其美的办法，既满足老师的要求，又要保护孩子不会受到伤害。

对于孩子成绩的落后，最不能容忍的人，恐怕还不是家长，而是老师。每个老师身上都有教学压力。所以，几乎所有的老师都会想尽办法，不惜余力去提高落后生的成绩。

小续的妈妈已经不止一次被老师点名了，在家长会上点名、在校讯通上点名。老师说到后来，甚至直接说："小续妈妈，我都懒得说了！"

小续妈妈脸皮本来就薄，加之她本身的性格属于争强好胜型的，因此每次受到老师批评之后，她回来就会把小续骂上一顿。

小续是一个很内向的女孩子，受到老师批评多了，自尊心也没了，等到妈妈再来批评时，她就把所有的话都当成了耳旁风。

而且，所有的都是批评，没人告诉她该怎么办。当然，老师和妈妈的批评里，可能也隐含方法，比如说努力啊、比如说细心啊。可怎么努力、如何细心，却总是没有下文。

这样，在小续身上就形成了一个恶性循环。老师、妈妈轮番对她进行轰炸，摧毁她的自信，她更加学不好。他学不好，老师和妈妈就更多地批评、责骂。

不能不说，小续这个孩子很可怜。

小记的妈妈正好与小续妈妈相反。她和小续的妈妈待遇一样，经常因为儿子的学习问题，而受到老师的召见。

但小记妈妈从来没有把老师对小记的批评说给小记听，当小记小声问起时，妈妈也只是轻描淡写地说：老师觉得你该加强某一方面的练习。说完这些，妈妈还加上一句，老师说你在另一方面，已经取得了进步。

这个故事不用继续，你也该知道小记的未来会怎样。

越是被老师批评多的孩子，其心灵就越是需要得到保护。如果我们和老师统一战线，那么就会让孩子的心灵雪上加霜，他会看轻自己，从此再也没有翻身的机会。

镇美学习很好，而且学起来也很轻松。所有的老师都说她很聪明，一点就透。镇美的语文老师觉得镇美还可以做到更好，他就给镇美的妈妈打电话，想要特别培训一下镇美。

镇美的妈妈很开明，她不希望给孩子过大的压力，就问镇美的意见。镇美想都没想，就说："我不需要，现在就挺好，再多了就累了，累了就不好了。"

镇美的妈妈觉得镇美说得有道理，就打电话把镇美的意见说给老师听。老师觉得特别遗憾，又继续劝服，他说："这样，孩子的天赋就被糟蹋了。你再想想，要知道，机会不是总有的，现在孩子心无旁骛，学东西很快，年纪一大、思想复杂了，学东西就没这么灵性了。"

镇美的妈妈一听也有道理，她犹豫了。她觉得老师这么费心地想要帮助镇美，如果她这样拒绝了，是不是会拂了老师的一片美意？

那么镇美的妈妈到底该怎么办呢？她的老师说的有没有道理呢？

一般来说，老师对孩子的能力，比父母了解得多。老师能愿意多帮助孩子提高，这应该是值得庆幸的事情。但不管怎样，我们还得看孩子的意愿。如果孩子愿意，那么我们看着难，对于他来说也可能轻而易举，如果他不愿意，那么即使稍微加压，也会压垮他。

大多数老师的督促，对孩子都有正向的意义，其意见也值得父母吸收。但也有一些不负责任的老师，为了一些教学任务，而不断地给孩子施压。面对这样的老师，我们不能过于顺从，更不能和老师一起给孩子加压。在老师面前没有收获自信的孩子，我们得让他们在父母这里收获到。

成墨初老师的教育秘籍：

1.当老师向父母表达了对孩子的不满时，我们要辩证地倾听，不能一听到老师批评孩子，就对孩子产生不满。

2.当我们无法和老师沟通，而老师又不看好自己的孩子时，我们得站出来，做孩子的保护伞，保护孩子的自尊和自信。

3.不管老师对孩子提出了什么样的意见，我们都要辩证地看待，既不能言听计从，也不能置之不理。

爱，是永远的动力

爱，是孩子成长最好的养料，也是最好的教育。失去爱的教育，会让孩子失去情感的依托，失去感知自我的能力。

爱孩子，谁不会？但就有人做不好。不是爱多了、就是爱少了，爱的天平，不是东倒、就是西斜，不但破坏了两代人的关系，还可能会摧毁孩子的自我成长机制。

妻子和母亲，就经常因为爱孩子多少的问题闹矛盾。

母亲太爱桐桐了，桐桐在卧室里玩，母亲在床上打了个小盹。忽然桐桐腿碰到了床腿，她哎呀了一声，声音不大，而且她马上就忘了这事。但是母亲听到了，马上醒过来，抱着桐桐问："怎么了，怎么了？是不是摔到了，摔到哪里了？奶奶看看。"

我其实也在旁边，正好就看到这一幕，我当时就笑了。桐桐也笑了，她把奶奶推开，说："一会我爸又该说你溺爱我了。我不喜欢腻，腻人，腻人。"

母亲回头看了我一眼，说："哼，我疼一下我孙女还不行啊。我就疼她，你这也管，真不知道你们这些做教育的！是不是有心啊？"

我笑了，没有说话，我知道，我母亲之所以不能改变，是她控制不了那颗爱孩子的心。

像我母亲这样的人很多，有些父母，知道溺爱不好，可是一见到孩子，就亲得不得了，仿佛没了孩子就无法活下去。

像这样的父母，如果你跟他说要改变教育观念是没用的，他需要时间来冷却那份过于激烈的情感，也需要时间来清醒自己的头脑。

像我母亲就是遭遇了一件事之后，她的观念彻底发生了改变。

那天，母亲和桐桐两人在家，桐桐跑到卧室里玩，母亲想要跟进去，桐桐很不高兴，就把门锁了。

母亲听到锁咔哒一声，心里就咯噔一声，她说："哎呀，不要锁门，咱家的钥匙都丢了。你会自己开门吗？"

桐桐说："当然会。"

但桐桐玩了一会后，想要出来。结果门却怎么都开不开。原来，她从来就没有自己开过门，一般的时候，母亲都是和她在一起。

桐桐害怕了，就在屋里哭，母亲惊慌了，就赶紧给我们打电话。我回来之后，先让桐桐镇定下来，然后一点点指导她开门。

门打开后，桐桐抱怨道："要是早让我学会开门，也不至于吓坏我。"

这件事后，母亲就再也不敢过于宠着桐桐了。

宠爱孩子不会有错，但宠爱不代表什么都替孩子做，什么都帮孩子想着。在我们还能陪在孩子身边的时候，就应该给孩子一个自我锻炼的机会，这才是真的宠爱。

晓红正处于青春期，不知道为什么，她就是看不惯爸爸的行为。他一把年纪了，还喜欢穿花里胡哨的衬衫，还喜欢玩年轻人喜欢玩的游戏，为此不惜熬夜。

晓红看到妈妈每日辛苦地工作，回来还要做家务，和她聊天沟通，就觉得特别替妈妈不值。她还问妈妈："你为什么爱上这样一个人呢？"

妈妈也不喜欢爸爸的一些懒散行为，但她很爱他，就劝女儿说："你老爸只是太孩子气了，别的却没有什么不好的。"

晓红不以为然："孩子气还不够？都快四十的人了，还当孩子，那咱们这个家，谁当大人啊？"

这话，晓红可不是悄声跟妈妈说的，她是故意放大了嗓门，让爸爸听见。

爸爸是一个没心没肺的人，但是他听到女儿说出这话，心里也感觉瞬间蒙上了一层阴影。他就笑着过来理论："谁说我坏话呢？闺女啊，我告诉你，我这不是孩子气，我这是保持年轻的活力。你懂吗？"

晓红反唇相讥："我没看见青春活力，我只看见傻里傻气。"

爸爸脸色一僵，妈妈赶紧斥责道："怎么跟爸爸说话呢？"

晓红毫不示弱，说："本来就是嘛。"

爸爸在晓红面前讨了个没趣，但他什么都没说，就走回屋去了。

接下来的日子，一如既往，晓红还是看不惯爸爸，她批评爸爸的话，是越来越严厉。有时候，爸爸被说得勃然大怒，拍案而起。但爸爸也只是哼了一声，不再继续和晓红理论。

后来，晓红在学校里犯了众怒，所有的孩子都一起反对晓红，甚至还把她从网上班级群中给踢出来了。

爸爸知道后，就拿着班级的通讯录，一个学生一个学生地找，每见一个学生，他都会鞠一躬，希望对方能接受女儿。

在爸爸的努力下，晓红又回到了班级，又找回了友谊。

晓红知道这归功于爸爸之后，一下子泪流满面。她问爸爸："你不是应该恨我才对呢吗？"

爸爸说："傻孩子，我怎么会恨你呢，我爱你还来不及呢。"

这样的爸爸不少吧？

和父母闹别扭的孩子很多，一般情况下，孩子只要看到父母是永远爱着他的，是不计任何条件地爱他的，那么孩子就会幡然悔悟，愿意和父母重修旧好。

有一段时间，母亲和妻子的关系一下子变得特别好。我不明所以，问她们两个人，她们什么都不说。

我悄悄问桐桐发生了什么事。桐桐把嘴凑到我耳边，说："因为她们彼此相爱啊。"这话不但没解谜，反而更让我丈二和尚摸不着头脑了。

我疑惑地看着桐桐，桐桐咯咯笑了，说："其实，这你得感谢我。"

"你让她们彼此相爱？你怎么做的？"

"很简单啊，我要是有好东西，想要给妈妈留着，我就说，这是奶奶让我给你留的；同样呢，我在奶奶面前也说，妈妈说了，让我多尊敬你。"

"你奶奶的确经常给你妈妈留好东西啊，你妈妈也的确叫你尊敬奶奶啊。我都知道啊。"我还是不解。

"是，可是你知道吗？如果大家公开说，那就没有多少意思了。我悄悄告诉妈妈，告诉奶奶，小孩子的话她们都很信。双方都在背后说对方的好话，都替对方着想，那两人肯定关系很好哦。"

"小鬼头，你还真机灵。不过和家里人最好不要耍什么心机哦。"我摸着桐桐的头，说。

"你放心吧爸爸，我很爱很爱你，很爱很爱妈妈，很爱很爱奶奶，正因为很爱很爱，所以才使坏。呵呵，不是使坏，是让大家都爱。"

爱孩子很重要，但让孩子学会爱更重要。我们能在孩子面前表现出对家庭成员的爱，尤其是婆媳之间、翁婿之间的爱，那么孩子就会学会爱。

教育，不是用说的，而是用爱的。爱孩子，接受孩子的一切，哪怕是孩子对自己不敬，哪怕是孩子让你容颜扫地，都不能抛弃孩子，都不能向孩子关闭你那扇爱的大门。当时间证明了你的爱，孩子就会做出让你高兴的表现。同时，爱孩子还要有度，还要让孩子学会爱。当这两样都做到了之后，你的爱就会成为让孩子健康成长的动力。

成墨初老师的教育秘籍：

1.爱孩子，是无条件的。

2.不要对孩子说："如果你不……，我就不爱你了。"

3.当孩子做出让你伤心的事情，也不要抛弃孩子，一如既往地爱他，他就会醒悟。

4.孩子不懂爱，你得培养他的感情，让他学会接受爱，也要懂得奉献爱。

真懂孩子，无须忍耐

了解孩子，不仅要看到孩子表面的行为，更重要的是，要通过孩子的行为了解他真实的内心。

我曾在一本书上读到过这样一个小故事：

火车上，一个还不太会说话、不到2岁的男孩，坐在妈妈怀里，双手摆弄着一瓶饮料。

过了一会儿，男孩突然将饮料瓶扔到地上，妈妈俯下身给他捡起来。男孩接过后，又一次扔到地上，妈妈再一次帮他捡起来。

就这样，男孩一次次地扔，妈妈一次次地捡，饮料瓶已经被摔得有些变形，其他乘客都好奇地看着这对母子的举动。

妈妈觉得有些尴尬，开始责备儿子。每次看到他要扔饮料瓶时，妈妈就事先抓住饮料瓶，训斥儿子："别扔，再扔就不给你捡了。"

可儿子不听，趁妈妈松手的时候，又一次将饮料瓶扔到地上。

妈妈生气地打了儿子一巴掌："叫你不听话！"

男孩大哭。

这时，旁边一个十几岁的陌生男孩对这位妈妈说："阿姨，他是想像孙悟空那样将饮料瓶的瓶盖摔开。"

妈妈对男孩的话将信将疑，转头问儿子："你是想打开瓶盖吗？"

男孩的哭声渐小，眼里还带着泪花，点了点头。

妈妈苦笑："这孩子！"然后，她将饮料瓶打开，递给儿子。

儿子开心地抱着饮料瓶喝了起来。

这个故事说明，不了解孩子的真实想法，父母就容易采取错误的回应方式和教育方式，从而可能伤害孩子。

很多父母会主观地想，自己与孩子每天朝夕相处，还不了解自己的孩子吗？的确，了解孩子，是很多父母没做好的功课。

因为，了解孩子，不仅要看到孩子表面的行为，更重要的是，要通过孩子的行为了解他真实的内心。

我认识一位朋友，为了让自己读小学的儿子吸收最有益的精神营养，他抱回家许多获奖的儿童图书，要求儿子读。

可每次，儿子对爸爸抱回来的图书都不屑一顾，"这是什么书啊？有什么好看的？"

没多久，爸爸拿回来的儿童图书都被束之高阁。

这位朋友并不知道，儿子喜欢看卡通漫画书，一有了零花钱，他就去买卡通漫画书。

儿子看卡通图书非常痴迷，废寝忘食地看，甚至课堂上也要偷着看。

爸爸对儿子不读自己买回来的书有些不满，问他："我给买的书你为什么不看？这些可都是好书啊。"

儿子不说话，低着头。

"你小子就是不求上进，这样下去怎么行？以后少玩点，多读点书。"

"我怎么不求上进了？我也读书，但我喜欢读卡通漫画书！"儿子不高兴地说。

父母要了解自己的孩子，才能给孩子最好的成长和最好的教育。而且，了解了这些，父母在教育孩子时，也无须委屈自己，让自己忍耐。

小斌是我一位亲戚的儿子，15岁，他初中毕业没有考取高中，在父母的安排下上了一所中专，学习电子专业。

小斌刚在学校读了1个月，爸爸就带着他找到了我，希望我帮忙做做儿子的工作。

原来，小斌并不喜欢电子专业，闹着要退学。实际上，他想学厨师。

"男孩子学电子专业，以后当工程师，这多光荣啊。当厨师多没出息，我看你小子是偷懒，不愿读那些书吧。当厨师炒菜，不用动脑子，那多省心啊。"小斌的爸爸无奈地指着儿子说。

"当厨师怎么就没出息？怎么就不用动脑子？当厨师一样很有前途。"

小斌跟爸爸辩解。

经过与小斌认真交谈，我了解到，他是真决心要当厨师。上初中的时候，他从在酒店当厨师的叔叔那里学得了做一手好菜。家里来客人的时候，他就喜欢露一手，客人的赞赏给了他成就感，这是他想学厨师的重要原因。

我鼓励小斌将自己真实的想法和愿望告诉爸爸。

然后，我对他爸爸说："我的意见是，孩子的人生要他自己做主，我们做父母的要尊重孩子的兴趣和选择。"

最后，小斌也表态，"我一定努力，做个最有水平的高级厨师。"

无条件养育孩子，需要了解孩子。去除不切实际的幻想，真正地从孩子的心理需要出发，才能给孩子最好的教育。

教育孩子的前提是了解孩子。有效地因材施教，首先需要父母了解孩子，了解孩子的兴趣爱好和需求，了解孩子的天赋潜能等，针对孩子的兴趣爱好、天赋以及其需求进行教育。

要了解孩子，父母可多与孩子进行沟通，也要用心观察孩子，在孩子的日常行为中发现孩子的兴趣点和天赋、了解孩子的特点。

成墨初老师的教育秘籍：

1. 父母要跟孩子经常谈心，对孩子说心里话，不要把话闷在肚子里。同时希望孩子也这么做，做一个好的聆听者。

2. 放弃大人自我的成见，如果父母硬要用大人世界的要求来对待孩子，势必会发生许多亲子关系上的问题和不愉快。

3. 学会跟孩子换位思考，当孩子遇到问题时，能够迅速以孩子的位置和角度来看待问题，分析问题，才能有效地解决问题。不仅如此，这还是一种了解孩子真实想法，快速拉近和孩子心灵距离的有效方法。

不用现在的价值观衡量孩子的未来

不管你的孩子表现如何，都不要对他做出"没有出息"之类的负面判断，也不要给孩子贴上"窝囊废"的标签，这样的方式不但不会起到教育的作用，还会误导孩子对自己产生错误的认识，也会伤害孩子的自尊心。

赵军和王利是我中学时代的好友。赵军当时是班里的班长，学习成绩在班上也总是名列前茅。王利是班上的普通学生，学习成绩不是很理想，但是也说得过去。

可是，后来中考的时候，赵军却没有考上高中，而成绩平平的王利却在考试中发挥得不错，考上了不错的高中。

为什么会有这样的差距呢？原因就在于他们各自的父母。

赵军的爸爸妈妈都是爱面子的人，所以，要求赵军在各方面都要优秀，一旦赵军出现点错误，他们就会说："你怎么那么笨呢，比我当年差远了。我看你也就这样了，没出息。"本来自信的赵军在父母的否定预言中，愈加不自信，学习中也少了劲头。

可是，王利的爸爸妈妈却采用另外的教育方式，尤其是王利的妈妈，经常对王利说："儿子，妈妈知道你喜欢下象棋，可那只能是你的业余爱好，现在最重要的还是你的成绩，妈妈相信你是有很大潜力的。"

由此可见，对孩子下否定预言对孩子所造成的伤害是巨大的，不仅仅是孩子的成绩方面，更重要的是挫败孩子的自信心。

而赏识性的话语会激起孩子的信心，调动潜能，获得成功。

所以，不要轻易对孩子下否定预言。

有段时间，桐桐在电视上看到古筝，听到古筝的声音，便要求我和妻子送她去学古筝，她说自己很感兴趣。

最初，妻子抱着试试看的心态给桐桐报了名。有一次我遇见了教桐桐古筝的老师，那位老师说，桐桐虽然进入状态慢，可是很用功，并且一天天也有不小的进步。

可是有一天，那位老师给家里打电话："成老师，桐桐今天怎么没来学古筝啊？是不是桐桐身体不舒服？"

我也不清楚桐桐今天是什么状况，为什么没有去，所以，我谢过老师的关心，说问问桐桐再说。

"桐桐，今天有课，你怎么没去啊？是不是想偷懒啊？"

"不是，爸爸。是妈妈不让我去了。昨天她去学校接我的时候，听见我弹古筝了。妈妈说我没有天分。"桐桐委屈地说道，似乎妻子对她的断定已经转化为桐桐对自己的看法。

"桐桐，不是这样的，你老师昨天还在夸你进步大呢。爸爸知道你很用心，一定会有更大的进步的。"

说完，我便送桐桐去学古筝。

后来，我成功地说服了妻子，妻子也认识到自己做法的不当。在我和妻子的支持下，桐桐的古筝越弹越好。

孩子具有无限的可能性，用孩子当下的表现断定孩子的未来，否定孩子的可能性，是非常不恰当的。

有一次，同学聚会，晓燕带着她的儿子来了。她的儿子很活泼，一点也不怯生，跑过来跑过去，一不小心，碰在了桌子角上，晓燕不是去帮孩子看看是否碰坏了，而是先劈头盖脸地批评儿子说："你真是让人讨厌，一点也不让人省心。"

你的孩子不听话时，也许，你也会说出这样的话，但是晓燕的儿子却觉得妈妈让他在那么多人面前丢脸。

于是，他更加放肆，不仅更加"乱"，在餐桌上更是过分，将自己喜欢吃的全都放在自己面前，他还不老实地吃，一会跑到这边，一会又跑到那边，让大家都没有兴致再吃饭了。

晓燕批评他，他却说："我就是个让你讨厌的孩子。"这句话让晓燕的脸刷的一下红了。她意识到这是儿子在向自己挑衅，但是确实是自己刚才不对。

此时，晓燕可能意识到孩子是故意的，于是笑着对儿子说："你是最乖的孩子，妈妈刚才说的是气话。妈妈知道你是个有礼貌，讨人喜欢的好孩子。"

"你不是说我让人讨厌吗？"她的儿子问她。

晓燕还是微笑着摇了摇头。这下，她的儿子真的变乖了，不仅将自己刚才"收敛"的菜重新放好，还乖乖地坐在晓燕旁边，安静地吃起了饭。

你轻易地对孩子下否定预言，还会使孩子产生这样的心理：你已经认定我就是坏孩子了，那么，我即便再努力，你也不会看到。那我就按照你所说的，去做个"没出息"的孩子吧。

不管你的孩子表现如何，都不要对他做出"没有出息"之类的负面判断，也不要给孩子贴上"窝囊废"的标签，这样的方式不但不会起到教育的作用，还会误导孩子对自己产生错误的认识，也会伤害孩子的自尊心。

你喜欢用高标准去要求自己的孩子，一旦孩子达不到你的要求，你就会侮辱、贬低孩子，经常听到你否定预言的孩子，自信心会受到强烈打击。因此，想改变孩子，就要从改变你对孩子的否定预言开始。

成墨初老师的教育秘籍：

1.为了让孩子一直保持积极的精神状态，我们得给孩子学习的自由、探索的自由，给自己自我评价的自由，还要不断鼓励孩子，让孩子永远自信，永远相信奋斗。

2.如果孩子喜欢做某件事，却老是得不到认可，那么我们就要帮孩子找找原因。是孩子的主观原因，要帮他纠正；是客观原因，要帮助孩子树立良好的心态。

3.不要让孩子过于看重辉煌和名利。

盛桐文化精品图书即将上市——

《孩子太内向，家长怎么办》 吴燕红 著

孩子内向，不光是"害羞"和"不爱说话"这么简单！

内向种类·性格成因·教育误区·完美性格塑造

专注研究孩子性格成长规律的亲子教育心灵读本

教千万中国父母培养出阳光、勇敢、懂得爱与分享的孩子

科学的"性格管理"，是父母在童年时期能给孩子最好的爱

性格被常规地分为内向、外向两种，但是具体到内向的性格分哪些种类，外向的性格又分哪些种类，很多父母并不清楚。要想成功塑造孩子的性格，父母首先要弄清性格的种类和特点，然后再采取合适的方法进行培养，使其健康发展。

本书从科学的角度深入解析了孩子内向性格的成因、种类，以及与外向性格相比，内向性格的优势和劣势。本书可帮助父母打消对孩子"内向性格"不必要的担忧和顾虑，积极地与内向孩子互动，发掘出孩子本身的优点，有针对性地用心培养，让孩子和同龄人一样健康快乐地成长。

如果父母想真正走进内向孩子的内心世界，这本书就是钥匙，听听孩子内心的声音，和孩子一起成长。

盛桐文化精品亲子教育图书即将上市——

《怎么说孩子才会听，如何听孩子才肯说》

——蒙谨 著

别以为你懂跟孩子说话！
家长会"说"孩子才会更优秀！
告别"耳边风"·打造完美亲子互动·心与心零距离接触！
心理咨询师、最贴心"妈妈导师"——蒙谨的家教心得全记录！
浓缩中国家庭教育实景与反思的最新力作，不可不读的教子智慧！

以"有感动，有感悟"为原则，精心选择中国家庭的真实案例，揭开创造完美亲子关系的秘密。

缓解家长和孩子之间的紧张关系，使孩子从心接受家长的话语，喜欢与家长沟通，营造愉快的亲子互动。

沟通质量决定教子成败，孩子的缺点是能够被你"说"没的！

孩子不听话？是因为你不会说！

孩子不说话？是因为你不会听！